Götz Werner/Adrienne Goehler
1000 € für jeden

W0108489

Götz Werner / Adrienne Goehler

1000 €

FÜR JEDEN

Freiheit. Gleichheit. Grundeinkommen.

Econ

3. Auflage 2010

Econ ist ein Verlag
der Ullstein Buchverlage GmbH

ISBN 978-3-430-20108-7
© Ullstein Buchverlage GmbH, Berlin 2010
Alle Rechte vorbehalten
Gesetzt aus der Garamond
Satz: LVD GmbH, Berlin
Druck und Bindearbeiten: CPI – Clausen & Bosse, Leck
Printed in Germany

Inhalt

1. KAPITEL

Was wäre, wenn …

Kein Versprechen – eine Idee

»Tausend Euro für jeden – das ist ein konkretes Versprechen, das jeder sofort versteht«, sagte der Verlagsleiter bei der gemeinsamen Suche nach einem Titel für unser Buch und schaute fragend in die Runde. Ist das so? Würden wirklich alle sofort verstehen, um was es geht? Würden sich Frauen gleichermaßen wie Männer angesprochen fühlen?

Tausend Euro für jeden, für alle, ob reich oder arm, ob alt oder jung. Wollten wir uns wirklich auf diese Zahl festnageln lassen? Würden wir vermitteln können, dass es sich bei ihr zuallererst um eine Denkgröße handelt, und würde auch klar, dass es bei der Idee des Grundeinkommens um sehr viel mehr geht als um Geld? Würde der Untertitel deutlich genug machen, dass es um die Annäherung an einen Menschheitstraum geht, vielleicht um *den* Traum schlechthin? Um ein Leben ohne Existenzangst und um die Freiheit, tun zu können, was man will, statt tun zu müssen, was man nicht will? Um eine veränderte Gesellschaft, in der jede Person nach ihren Fähigkeiten und Neigungen tätig sein könnte?

Der Wunsch, in einer besseren Welt zu leben, findet bereits in den Schriften der monotheistischen Religionen, Judentum,

Christentum und Islam, seinen Niederschlag. Diese greifen alte Überlieferungen aus dem Zweistromland auf – als Folge des frühzeitlichen Klimawandels war diese Region an der Wende vom 12. zum 11. Jahrtausend vor Chr. plötzlich ausgetrocknet. Hatte man im ganzjährig milden Klima die Früchte zuvor einfach von den Bäumen pflücken können, musste die Ernte nun mühsam und mit Hilfe schwerer Werkzeuge eingebracht werden. Die stetig wachsende Bevölkerung litt unter zunehmender Knappheit. Streit und Zwietracht waren die Folge und wurden später in den dramatischen Geschichten über den Sündenfall, die Vertreibung aus dem Paradies und den Brudermord Kains an Abel verarbeitet.

In den darauffolgenden 13 000 Jahren Menschheitsgeschichte waren Mangel, Hunger und Kriege die Regel, das Paradies rückte in immer weitere Ferne – und wurde als Sehnsuchtsort doch nie vergessen. Heute scheint es unerreichbar, betreiben wir unfassbaren Raubbau an der Natur, schlägt diese mit Erdbeben und Tsunamis zurück, führen wir Kriege und manövrieren wir unser Welthandelssystem an den Rand des Abgrunds.

Wer angesichts solcher Zustände über die Verwirklichung eines Menschheitstraums redet, läuft Gefahr, als realitätsfremd angesehen zu werden. Und wer dieser Tage das Postulat »Tausend Euro für jeden« aufstellt, wird zunächst einmal kritisch beäugt.

Tausend Euro für jeden. Das ist kein Versprechen. Wir wollen und können nichts versprechen. Wir wollen nicht einmal gewählt werden. Aber wir wollen, dass die Menschen die Wahl haben, ob und wie sie die Gesellschaft mitgestalten – dass ihnen Alternativen aufgezeigt werden. Das bedingungslose Grundeinkommen ist so eine Alternative, die im Nachdenken über eine gerechte Gesellschaft eine wichtige Rolle spielt. Es ist *der* Dreh- und Angelpunkt für eine notwendige gesellschaftliche Weiterentwicklung, die unabdingbar ist: Für Götz Werner ist das bedingungslose Grundeinkommen der »archimedische Punkt«, der mit seiner gewaltigen Hebelwirkung des unbefangenen Denkens die Welt zu einer besseren machen könnte.

Tausend Euro für jeden. Für alle. Das ist eine Idee, die, im Sinne des Philosophen Friedrich Schelling, sich erst im Gebiet des Wissens realisiert haben muss, ehe sie sich in der Geschichte realisieren kann. Dazu wollen wir einladen und dabei die Hoffnungen genauso wie die Herausforderungen, die sich mit einem bedingungslosen Grundeinkommen verknüpfen, benennen und diskutieren.

Kurz: Wir wollen einen gesellschaftlichen Denkprozess aufgreifen und begleiten, anstoßen und weitertreiben, der schon seit geraumer Zeit in Gang ist und der sich in den letzten Jahren und vor allem seit dem Crash von Lehman Brothers unglaublich beschleunigt und intensiviert hat.

Im Zwischenraum von »Nicht mehr und noch nicht«

Im Jahr 2006 hatten wir fast zeitgleich unsere ersten Bücher veröffentlicht – und darin beide schon das Grundeinkommen thematisiert:

Die eine von uns beiden, Adrienne Goehler, hatte in ihrem Buch *Verflüssigungen* den Aufbruch in eine Kulturgesellschaft skizziert, wie er an den Rändern unseres Sozialstaates schon seit geraumer Zeit zu erkennen ist. Sie spürt den Verunsicherungen der »flüssigen Moderne« (Zygmunt Bauman) nach, die keine angestammten Plätze mehr vergibt, weil sich Leben und Arbeit derzeit radikal verändern, mithin auch alle Gewissheiten – und charakterisiert diese Phase umfassender gesellschaftlicher Veränderungen als eine Zeit des »Nicht mehr und noch nicht«. Der Sozialstaat, wie wir ihn noch kennen, ist längst an seine Grenzen gestoßen und trägt *nicht mehr* über die neuen Ungewissheiten der Gegenwart. Aber *noch* sind die Umrisse einer kulturell definierten Gesellschaft *nicht* genug ins öffentliche Bewusstsein gedrungen. *Noch* halten wir aus Angst vor der ungewissen Zukunft an der bekannten Vergangenheit und ihren Lösungsansätzen fest, obwohl zugespitzt gilt, was schon Albert Einstein feststellte: Wir können nicht die Probleme mit demselben Denken lösen, das sie hervorgebracht hat. Dennoch, stellt Goehler fest, bewegt sich eine Menge, vor allem im kulturellen Feld, dem sie selbst zuzurechnen ist, als Beobachterin und Autorin. Dort drückt sich die postindustrielle Realität am stärksten aus, werden neue Modelle von Leben und Arbeit gefunden und aus Not erfunden, die eine zunehmende gesellschaftliche Relevanz haben, dort treten aber auch die Fragen danach, wie wir eigentlich leben wollen, offener zutage. Und obwohl die wirtschaftliche Bedeutung des kulturellen Sektors erheblich zunimmt, ist die Hälfte aller Arbeitsplätze darin so schlecht bezahlt, dass sie von der »Avantgarde der prekären Verhältnisse« spricht.

Diese Beobachtung machte Adrienne Goehler als Präsidentin der Hamburger Hochschule für bildende Künste, als Mitglied diverser nationaler und internationaler Kunstgremien und Jurys, als Berliner Senatorin für Wissenschaft, Forschung und Kultur und auch als Kuratorin des Hauptstadtkulturfonds. Sie brachte sie zu der Frage: Ist es vorstellbar, dass eine Gesellschaft, deren Leitidee das Kulturelle ist und die den Sozialstaat weiter und anders denkt, sich auf eine ökonomische Grundsicherung, ein Grundeinkommen für alle verständigt, ein »Bürgergeld«, »allocation universelle«, »renda basica«, »reddito di cittadinanza«, »basisinkomen«, »borgerløn«? Ausgehend von der Überlegung, dass eine Gesellschaft in solch einem dramatischen Umbruch es sich nicht leisten kann, auf die Talente so vieler Menschen zu verzichten, indem sie diese auf ihren Marktwert reduziert.

Den anderen von uns beiden, Götz Werner, hatte die unternehmerische Praxis schon vor längerer Zeit zum Thema Grundeinkommen geführt – genauer seine Empörung über das komplizierte und ungerechte Steuersystem. In seinem ebenfalls 2006 erschienenen Buch *Einkommen für alle* erklärte er, wie das öffentliche Steuerwesen als ein bürgerliches Gestaltungsinstrument funktionieren könnte, das Gerechtigkeit schafft. Steuern und Abgaben sind lediglich Ausdruck eines gesellschaftlichen Teilungsprinzips. Je nachdem, wie man das gesellschaftliche Vermögen einsammelt und wieder aufteilt, entsteht dabei Gerechtigkeit oder eben nicht. Deswegen kann und darf man nicht gedanken-, sprach- und tatenlos zusehen, wie ein ungerechtes System weitere Ungerechtigkeiten verursacht. Angesichts der wachsenden Armut in Deutschland, der schlechten Bildung, der immer größer werdenden Schere zwischen Arm und Reich und einer Vielzahl von »Einzelfällen« alltäglicher Demütigungen und Würdelosigkeiten, die er über die Jahre beobachtet hat, braucht es – das war dem Autodidakten und Chef eines 30 000 MitarbeiterInnen starken Handelsunternehmens klargeworden – dringend neue Ideen.

Und so stellte sich Götz Werner am Ende seiner Überlegungen, auf der Basis vollkommen unterschiedlicher Erfahrungen, fast dieselbe Frage wie Adrienne Goehler: Was wäre, wenn die Existenz eines jeden Bürgers garantiert und bedingungslos durch ein existenzsicherndes Grundeinkommen gesichert wäre?

Wir trauen uns

Im Herbst 2007 trafen wir im Freiburger Stadttheater erstmals zusammen, eingeladen vom dortigen Unabhängigen Kulturrat, der ahnte, dass es zwischen uns beiden funken könnte. An einem kalten, düsteren Werktag im November referierten wir unsere jeweiligen Zugänge zum Grundeinkommen und nahmen wahr, dass unsere Fragen und Erfahrungen trotz grundverschiedener Hintergründe ineinander griffen.

Der eine, Unternehmer, ökonomisch mit der Freiheit und Macht ausgestattet, das denken, sagen und auch vieles davon erproben zu können, was er will, hatte sich das bedingungslose Grundeinkommen längst zur lebenslänglichen Forschungsfrage gemacht. Die andere zögerte noch etwas, war aber schon angesteckt von der Leidenschaft, die die Vorstellung inzwischen an ganz verschiedenen Ecken der Gesellschaft auslöste. Wir tasteten uns über unsere Fragen und Einschätzungen aneinander heran, mit uns ein brechend volles

Theater, in dem das Publikum auch nach Mitternacht noch nicht aufhören wollte zu diskutieren. Der Abend voller Emotionen, Meinungen und lebhafter Geschichten fand schließlich ein biologisches Ende – in der Erschöpfung der beiden Podiumsgäste. Schon damals stand die Frage im Raum: Warum eigentlich nicht zusammen ein Buch schreiben? Ein Buch, in dem sich die Energie dieses Abends wiederfindet, ein Buch, das die Aufbruchsstimmung spiegelt, die sich dieser Tage an vielen Orten und in Initiativen rund ums Grundeinkommen zeigt, ein Buch, das die Leidenschaft und Begeisterung für eine Idee aufgreift, deren Zeit ganz offensichtlich gekommen ist. Jetzt im Sommer 2010 ist es so weit.

Mit »Tausend Euro für jeden« wollen wir die Frage, ob ein Grundeinkommen vorstellbar wäre, nicht einfach ein weiteres Mal stellen. Dazu ist in den letzten Jahren zu viel zum Thema publiziert, geredet und gerechnet worden, im Internet und bei einer Fülle von Veranstaltungen und öffentlichen Aktionen. Wir haben mit vielen Vorträgen, Podiumsdiskussionen und zahllosen Mail-, Brief- und Wortwechseln dazu beigetragen. Längst dreht es sich nicht mehr um die Frage, ob es ein bedingungsloses Grundeinkommen geben kann, sondern nur noch darum, ob wir es haben wollen und welche Impulse – und Ängste – es freisetzt.

»Tausend Euro für jeden« ist eine Setzung, von der aus wir in diesem Buch das bedingungslose Grundeinkommen weiterdenken und konkreten Fragen nachgehen.

Einige davon lauten: Worin unterscheiden sich das Bürgergeld, wie es die FDP vorschlägt, und die Grundsicherung, wie sie die Linkspartei fordert, vom bedingungslosen Grundeinkommen? Was würde sich mit Grundeinkommen in der Bildungspolitik und im Geschlechterverhältnis grundsätzlich ändern können? Was würde es für die Gesundheit bedeuten, was für die Ökonomie? Was für den einzelnen Menschen und was für die Gesellschaft als Ganzes? Und ja, der Frage nach der Finanzierbarkeit wollen wir uns ebenfalls nicht verweigern, auch wenn die Maßstäbe dafür, was bezahlbar ist und was nicht, sich gegenwärtig geradezu täglich verschieben. Wir ziehen nicht aus jeder Frage dieselben Schlüsse, suchen nicht die Einheit oder den kleinsten gemeinsamen Nenner, wo Differenzen bestehen. Die finden wir gerade produktiv und nötig, weil es keine eindeutigen Antworten geben kann. Und weil sich aus den Antworten immer neue Fragen ergeben.

Aber in einem Punkt sind wir uns absolut einig: Das bedingungslose Grundeinkommen in einer existenzsichernden Höhe wird Energien freisetzen, die wir dringend benötigen, um diese Gesellschaft zu verändern. Es ermöglicht Verantwortung – jedes Einzelnen für sich selbst und für die Gemeinschaft.

Wir greifen hoch, schreiben uns »Freiheit. Gleichheit. Grundeinkommen!« auf die Fahne und behaupten, dass die humanistischen Ideale der Aufklärung, die sich in der Französischen Revolution erstmals manifestierten und die bis heute die Grundlage unseres europäischen Selbstverständnisses bilden, erst durch das bedingungslose Grundeinkommen eingelöst würden. Es schafft erst die notwendige Basis für ein selbstbestimmtes Leben in Freiheit und Gleichheit.

Am Ende dieses Buches werden wir deshalb eines hoffentlich deutlich gemacht haben: Die absolute Zahl von tausend Euro für alle ist eine plausible Setzung, deren konkrete Höhe in einer demokratisch verfassten Gesellschaft ausgehandelt werden muss. Viel bedeutsamer ist, dass das Grundeinkommen ein Kulturimpuls ist, der alle andern gesellschaftlichen und ökonomischen Fragen beeinflussen wird. In einer Zeit, in der der Glaube an Experten- und Spezialistentum erschüttert ist, in der wir verstehen mussten, dass wir die Schulen nicht der Schulbürokratie, die Arbeit nicht dem Arbeitsmarkt und, spätestens seit Kopenhagen, die Umwelt nicht Politik, Industrie und Verbänden überlassen können, haben wir auch verstehen müssen, dass Geld bei Geldspezialisten nicht gut aufgehoben ist. Das Grundeinkommen ist die notwendige, wenn auch nicht hinreichende Bedingung für eine Gesellschaft, die auf das Vermögen der Einzelnen setzt, setzen muss.

2. KAPITEL

Grundlagen und Historie des Grundeinkommens

Eine uralte Idee

Die erste Überlieferung einer Trennung von Arbeit und Einkommen findet sich in der Verfassung Spartas im sechsten Jahrhundert vor Christus. Sie garantierte der herrschenden Minderheit, den Spartiaten, die als Einzige das Privileg genossen, »Vollbürger« zu sein, die lebensnotwendigen Güter, unabhängig von jeder Arbeitsleistung und von Bedürftigkeit. Alle weiteren Stände, die Frauen als Geschlecht, von den Sklaven ganz zu schweigen, kamen nicht in diesen Genuss.

Der Sozialutopist Thomas Morus stellte erst sehr viel später, 1516, die Forderung auf, alle Menschen im Staat müssten eine Existenzgrundlage haben, schon allein um Diebstahl vorzubeugen. Wiederum mehr als zweihundert Jahre später, 1748, leitete der französische Staatstheoretiker Charles Montesquieu aus dem Selbstverständnis des Staates die Pflicht ab, seinen Bürgern ein Existenzminimum zu garantieren: »Der Staat schuldet allen seinen Einwohnern einen sicheren Lebensunterhalt, Nahrung, geeignete Kleidung und einen Lebensstil, der ihre Gesundheit nicht beeinträchtigt.«

Etwa zur gleichen Zeit argumentierte Thomas Paine, einer der geistigen Gründer der USA, für eine Art Umverteilungs-

Grundeinkommen. Die Grundbesitzer sollten einen Fonds einrichten, aus dem jeder Person ab 21 Jahren, ob arm oder reich, eine Summe auszubezahlen sei – und zwar dafür, dass sie, im Gegensatz zu den Grundbesitzern, nicht mehr über ihre natürliche Erbschaft, die Erde in ihrem unkultivierten Zustand, verfügen konnten.

In der Folge beschäftigten sich im 19. Jahrhundert Reformer aus England, Belgien und Frankreich mit der Idee. 1836 propagierte der französische Gesellschaftstheoretiker Charles Fourier, der sich früh für die Gleichberechtigung von Frau und Mann einsetzte, in seinem Werk »Die falsche Industrie« ein bedingungsloses Grundeinkommen. Er begründete dessen Notwendigkeit damit, dass das ursprüngliche Grundrecht auf freies Jagen und Sammeln verlorengegangen sei, was den Menschen einst die natürliche Grundversorgung ermöglicht habe. Es sei ihnen dafür ein Betrag auszuzahlen, da sie kein Land mehr besäßen, das ihnen Selbstversorgung ermögliche.

Zwölf Jahre später, 1848, vertrat der belgische Jurist Joseph Charlier vehement die Auffassung, dass jeder Bürger Eigentümer des Staatsgebiets seines jeweiligen Landes sei und ihm dafür bedingungslos ein Grundeinkommen gebühre.

Vorläufer der Idee eines Grundeinkommens gibt es also schon seit dem Übergang der Selbst- zur Fremdversorgung. Als einer der ersten Ökonomen befürwortete in der zweiten Hälfte des 19. Jahrhunderts der englische Liberale John Stuart Mill ein bedingungsloses Grundeinkommen, das für ihn die logische Konsequenz des menschlichen Freiheitsstrebens darstellte. Der Staat müsse prinzipiell allen Individuen, Frauen wie Männern, eine freie Entwicklung garantieren – dazu zählten die freie Gestaltung der Lebensführung, die freie Entfaltung der Persönlichkeit, die Versammlungsfreiheit sowie die Presse- und Meinungsfreiheit.

Der Sprung weg von theoretischen Einzelauffassungen in den Sozial- und Wirtschaftswissenschaften hin zu einer öffentlichen Diskussion fand in Deutschland erst in den 1980er Jahren statt – wobei die aufkeimende Debatte noch nicht sonderlich breit war. Die grüne Partei hatte das bedingungslose Grundeinkommen 1979 zwar in ihr Gründungsprogramm geschrieben, danach aber zum Verschwinden gebracht, die katholische Sozialethik postuliert es schon lange und stellt immer wieder die Finanzierbarkeit fest. Wirkungen auf Institutionen oder gar die Parteien gingen aber keine davon aus. Erst seit kurzer Zeit nehmen wir ernsthafte und hitzige Diskussionen wahr, die quer durch die Gesellschaft verlaufen. Man trifft dabei StudentInnen und Wohlhabende, Beamte und vom Hartz-IV-Dasein Gezeichnete, gutausgebildete AkademikerInnen mit und ohne Erwerbsarbeit und Menschen aus sozialen oder kirchlichen Bewegungen. Solche, die zu viel arbeiten müssen, und andere, die nicht genügend arbeiten können, weil sie aus dem Erwerbsarbeitsleben herausgefallen sind oder nie dort ankamen. Solche, die ihren sicheren Job hassen, ihn aber aus Angst, vor dem umfassenden Nichts zu stehen, nicht aufgeben und sich danach sehnen, etwas zu tun, was ihren Neigungen entspricht. Lehrerinnen, die die Perspektivlosigkeit ihrer Schüler nicht mehr ertragen, alleinerziehende Mütter, die nüchtern über ihre Chancenlosigkeit reden, unter den heutigen Bedingungen würdevoll mit ihren Kindern leben zu können.

Sie alle führen erfrischende Debatten, sind höchst pragmatisch in ihren Vorstellungen und sehr klar in ihrer Analyse der Angstspirale aus Massenarbeitslosigkeit und wachsender

Armut, aus Demütigung durch Hartz-IV-Sanktionen, befristeten Arbeitsverträgen, Zeitarbeit, unbezahlten Praktika. Die Vorstellung, durch ein Grundeinkommen endlich das zu arbeiten, was sie wirklich wollen und können, beflügelt. Die Debatten kreisen aber auch um die Auflösung tradierter Lebensformen wie Ehe und Familie, die längst keine dauerhafte Sicherheit mehr versprechen, und darum, wie schwer es *noch* ist, Alternativen dazu zu leben.

Die Menschen haben es satt, in sinnlose Fortbildungen gezerrt zu werden, nur um die Arbeitslosenstatistiken zu beschönigen und mit ihrem Leben und ihrer Integrität dafür herhalten zu müssen, den Mythos von der Vollbeschäftigung aufrechtzuerhalten, obwohl es mehr als offensichtlich ist, dass es eine Vollbeschäftigung nicht mehr geben wird und auch nicht geben kann. Immer mehr Arbeiten sind bereits unwiderruflich automatisiert, immer mehr menschliche Arbeit wird durch Maschinen, Roboter oder Computer ersetzt, und es ist klar, dass die Arbeitsplätze in Dienstleistung und der Kulturwirtschaft diese in der Summe niemals ersetzen können. Der amerikanische Soziologe und Ökonom Jeremy Rifkin bilanziert daher nüchtern: »Die alte Logik, dass Fortschritte in der Technologie und damit der Produktivität zwar alte Jobs vernichten, aber genauso viele neue schaffen, stimmt nicht mehr.« Er bezieht sich auf eine Untersuchung von Alliance Capitel Management aus dem Jahr 2003, wonach in dem Jahr weltweit 31 Millionen Stellen in de Produktion gestrichen wurden, bei einem gleichzeitigen Anstieg der Produktivität um mehr als vier Prozent. Das heißt: Mit immer weniger Arbeitskräften wird immer mehr Profit erzielt. Wenn also manche befürchten, dass uns »die Arbeit ausgeht«, dann stimmt das, auch wenn es nur die Erwerbsarbeit meint. Aus

Furcht, entlassen zu werden oder keine existenzsichernde Arbeit zu finden, verlieren wir aus dem Blick, dass die Menschen sich jahrhundertelang danach gesehnt haben, von der Fron der Arbeit befreit zu werden. Wir profitieren aber nicht davon, dass wir immer weniger arbeiten müssen, weil unser gegenwärtiges System das Einkommen aller nicht mit dem Ergebnis der Produktion – das eben nach wie vor hervorragend ist – verknüpft, sondern mit dem sozial versicherten Arbeitsplatz des Einzelnen. Wenn immer weniger erwerbstätig sind, bekommen auch immer weniger Einkommen. Also brauchen wir neue Wege der Existenzsicherung.

Über all das spricht die Politik nicht, was zu einem wachsenden Vertrauensverlust in die Fähigkeiten der Regierungen führt. Der Frust über das regierungspolitische Kleinklein, das bislang noch kein einziges der Probleme wirklich behoben hat, zieht eine wachsende Begeisterung für die Grundeinkommensidee quer durch Europa und rund um den Globus nach sich. Das Grundeinkommen ist dabei, zu einer kräftigen internationalen gesellschaftlichen Bewegung zu werden. Götz Werner nennt ihre Protagonisten mutige »Realträumer«.

Denn Grundeinkommen meint nicht nur eine Alternative zu den schwächer werdenden Sozialleistungen, entwickelt nicht nur ein anderes Modell von Fürsorge, sondern es geht auch um demokratische Grundprinzipien: um Solidarität, um Freiheit und Gleichheit, also die Kernforderungen der Französischen Revolution, die sich ideengeschichtlich bereits einige Jahrhunderte zuvor entwickelten. Das motiviert PhilosophInnen, Staatstheoretiker, Steuerrechtler und ÖkonomInnen, die nicht allein die Not der Ärmsten mildern, sondern einen gerechten Staat mit fairen Chancen, inklusive Wohlstand und Bildung für alle wollen. Dazu gehört heute ein gleichberechtigtes Neben- und Miteinander von Menschen, unabhängig von Geschlecht, Hautfarbe, Herkunft, Religion oder politischer Überzeugung, körperlicher und geistiger Fähigkeiten, Sprache oder Alter.

All dies hat ganz langsam auch die Parteien aufhorchen lassen, zum Grundeinkommen liegen inzwischen auch in den Fraktionen Gutachten auf oder unter den Tischen. Mal wird eine Referentin eingeladen und dann lauwarm in Programmkommissionen und internen Arbeitsgruppen diskutiert, oder das Grundeinkommen wird sogar auf die Tagesordnungen von Parteitagen gesetzt – allerdings an sehr unprominenter Stelle. Die Strategien zur Vermeidung der ernsthaften Auseinandersetzung mit dem Gedanken variieren in den Parteien, aber einig sind sich alle: Ein Grundeinkommen müsse in jedem Fall an Bedingungen geknüpft sein, die Bedürftigkeitsprüfung als Folterwerkzeug müsse also bleiben. Bedingungslos? Würdige Existenz ein Menschenrecht? Na, wo käme man denn da hin!

Klassische Grundeinkommensdebatten

Vielleicht lehnen Sozialdemokratie und Die Linke hierzulande die Grundeinkommensidee ab, weil sich Marx und Engels nicht für die Trennung von Arbeit und Einkommen und damit auch nicht für ein Grundeinkommen eingesetzt haben, obgleich sie davon gewusst haben müssen, denn die Idee wurde in ihrem unmittelbaren Umfeld diskutiert. Die deutsche Sozialdemokratie wurde schon von ihrem Begründer

August Bebel von Anfang an auf einen donnernden Arbeits-
ethos verpflichtet. So zitierte der ehemalige Parteivorsit-
zende Franz Müntefering 2006 in einer Auseinandersetzung
mit dem Parteilinken Ottmar Schreiner den Gründungsvater:
»Der Sozialismus stimmt mit der Bibel darin überein, wenn
diese sagt: Wer nicht arbeitet, soll auch nicht essen. […]
Ohne Arbeit kein Genuss, keine Arbeit ohne Genuss.« Dass
sich Bebel dabei jedoch als nicht bibelfest erwies, werden wir
an anderer Stelle erläutern. Aber ganz offensichtlich war er
kein Freund von bedingungslos gezahlten Staatsrenten.

Nur der weniger bekannte Sozialist Paul Lafargue machte
sich im 19. Jahrhundert für ein Grundeinkommen stark. Der
französische Publizist war mit der Marx-Tochter Laura verheiratet und wurde von seinem Schwiegervater wenig geschätzt. Bekanntheit erlangte er mit einem Text, den er nach
der Pariser Februarrevolution 1848 als Antwort auf die Forderung nach einem Recht auf Arbeit formulierte und provo-
kativ mit »Das Recht auf Faulheit« betitelte. Seine These:
Nur eine bedingungslose Grundsicherung mache Freiheit
und Gleichheit für alle wirklich möglich.

Ein Gedanke, den im zwanzigsten Jahrhundert der britische Mathematiker und Philosoph Bertrand Russell auf-
nahm. In Anlehnung an Lafargue nannte er sein Plädoyer
zum Grundeinkommen »Lob des Müßiggangs«. Beide argumentieren, dass die Gesellschaft sich auch anders als über
Lohnarbeit definieren könnte und müsste, und bewerten den
vermeintlichen Müßiggang als Freiraum zu Kreativität und
gesellschaftlichem Engagement positiv.

In den 1970er Jahren erlebte die Diskussion unter dem
Begriff der »negativen Einkommensteuer« neuen Aufwind.
Diese Besteuerung gehorcht einer einfachen und nachvoll-

ziehbaren Logik: Sie reguliert sich über einen definierten Grundfreibetrag. Wer mehr verdient, zahlt Steuern, wer weniger verdient, bekommt Geld vom Staat – und zwar jeweils linear wachsend. Auf diese Weise würden alle Bürgerinnen und Bürger in gleicher Weise von einer staatlichen Grundsicherung profitieren. Den eher uninspirierten Begriff hatte die britische Ökonomin Lady Juliet Evangeline Rhys-Williams bereits in den 1940er Jahren geprägt. Neben der Europapolitik, der Gesundheitsökonomie und der Medienpolitik beschäftigte sie auch eine gerechte Steuerpolitik, und das, was sie negative Einkommensteuer nannte, glich prinzipiell der Idee des Grundeinkommens vorheriger Jahrhunderte.

Idee und Begriff übernahm in den 1960ern Wirtschaftsnobelpreisträger Milton Friedman, der als klassischer Liberaler stets die Minimierung der Staatsaufgaben und Vereinfachung der Steuersysteme gefordert hatte. In seinem Buch »Chancen, die ich meine – Free to Choose« erläutert er detailliert die Koppelung der Steuerzahlungen an das Erwerbseinkommen. Dabei zeigt er exemplarisch, wie eine linear gedachte Einkommensteuer einerseits mit wachsendem Lohneinkommen zu wachsenden Steuerzahlungen führt, zugleich aber auch – gesetzt den Fall, man billigt allen ein steuerfreies Mindesteinkommen zu – dazu führen muss, dass Menschen ohne Einkommen quasi eine negative Steuerschuld aufbauen. Nehmen wir an, Einkommen bis tausend Euro wären steuerfrei, ansonsten werden fünfzig Prozent Steuern fällig. Wer also 1500 Euro verdient, muss von den 500 Euro, die er mehr verdient, 250 Euro als Steuern an den Staat abführen. Wer zweitausend Euro verdient, zahlt 500 Euro, und so weiter. Dann aber müssten diejenigen, die nur 500 Euro verdienen, theoretisch nicht einfach *keine* Steuern bezahlen, sondern 250 Euro von Staat erhalten; und wer gar nichts verdient, hätte Anspruch auf 500 Euro. Da sich hier also die Zahlschuld umkehrt, spricht Friedman statt von Grundeinkommen von *negativer* Einkommensteuer.

In den 1980er Jahren forderte der Soziologe und politische Vordenker des Bürgertums Lord Ralf Dahrendorf ein intensives Nachdenken über ein »garantiertes Mindesteinkommen«. Dabei war der Artikel 1, Absatz 1 des Grundgesetzes der Bundesrepublik Ausgangspunkt seiner Überlegungen: »Die Würde des Menschen ist unantastbar. Sie zu achten und zu schützen ist Verpflichtung aller staatlichen Gewalt.« Dahrendorf argumentierte: In einer reinen Agrargesellschaft, in der sich jeder nach dem Prinzip »ein Mann, eine Scholle« mit den Früchten seiner Arbeit selbst versorgen kann, sei kein finanzielles Einkommen vonnöten. In einer Volkwirtschaft, in der niemand mehr ohne die Leistungen anderer überleben kann und auf Handel angewiesen ist, sei ein finanzielles Einkommen jedoch lebensnotwendig. Ein Leben in Würde sei darin ohne Geld nicht möglich. Deswegen, folgert Dahrendorf, brauche das verfassungsmäßig garantierte »Leben in Würde« ein garantiertes Mindesteinkommen. Dieses sei »so notwendig wie die übrigen Bürgerrechte, also die Gleichheit vor dem Gesetz oder das allgemeine gleiche Wahlrecht«.

Das Prinzip der negativen Einkommensteuer motivierte 1996 die Ulmer Bürgerstiftung, eine Studie zu beauftragen, die der Frage nachgehen sollte, wie sich ein Basiseinkommen auf die Sozialleistungen der Stadt auswirken würde. Sie wurde im Jahr 2000 publiziert und kam zu dem Schluss, dass sich die finanzielle Belastung für die Stadt erheblich reduzieren würde, selbst wenn die bisherigen Sozialhilfeempfänger mit dem Bürgergeld inklusive pauschaliertem Wohn- und Kindergeld genauso viel Geld bekämen wie zuvor. Auf eine politische Schlussfolgerung aus diesen Berechnungen warten allerdings noch alle.

Parteien und Grundeinkommen – mehr Gegner als Freundinnen

Bei der Sozialdemokratie und den Gewerkschaften gilt der Fetisch Lohnarbeit ungebrochen; sie sind bis heute buchstäblich bebelfest in der Ablehnung des Grundeinkommens, mit dem Argument »Arbeit muss sich wieder lohnen« – eine Forderung, die sie mit der angesichts der Hartz-IV-Realität zynischen Begründung versehen, dass »man Menschen nicht von sozialer Teilhabe ausschließen dürfe«. Was sie schlicht gar nicht erst zu beantworten versuchen, ist die Frage danach, wo sie denn ist, die bezahlte Arbeit für alle?

SPD und Linkspartei haben sich noch zu keinen offiziellen Parteibeschlüssen zum Grundeinkommen bewegen lassen. In der SPD hat sich eine Kommission »Grundwerte beim Parteivorstand der SPD« mit dem bedingungslosen Grundeinkommen beschäftigt und das Konzept für nicht vereinbar mit den Grundsätzen einer sozialdemokratischen Sozialpolitik erklärt. Noch weniger als bei der Linkspartei fallen hier Abweichungen von der Parteilinie ins Gewicht, wie etwa die bedeutende Stimme des Vorsitzenden der unbedeutenden SPD Rhein-Erft, der seine Partei öffentlich aufgefordert hat, das bedingungslose Grundeinkommen als neuen sozialpolitischen Denkansatz der SPD anzuerkennen.

Die vereinzelten Stimmen aus der Linkspartei sind allerdings sehr deutlich zu vernehmen. Sie fordern beispielsweise ein Grundeinkommen für Arbeitslose in strukturschwachen Gebieten Ostdeutschlands. 2009 wurde zudem von einer parteiinternen Arbeitsgruppe ein Konzeptpapier für ein lebensphasenbezogenes Grundeinkommen entwickelt, das aber innerhalb der Partei noch sehr kontrovers diskutiert wird. Bekannteste Verfechterin der Grundeinkommensidee innerhalb der Linkspartei ist Katja Kipping, Sprecherin des überparteilichen Netzwerks Grundeinkommen – sie repräsentiert, dem Vernehmen nach, etwa 20 % der Partei in dieser Frage.

Die FDP verabschiedete auf dem Bundesparteitag 2005 das »liberale Bürgergeld«. Demnach soll bei Bedürftigkeit oder Arbeitsunfähigkeit vom Staat ein pauschales Einkommen bezahlt werden, das eine Grundsicherung sowie Unterkunfts- und Heizkosten trägt. Wer sich jedoch weigert, Arbeit anzunehmen, der wird empfindlich bestraft, mit deutlicher Kürzung der Auszahlung. Mit den Sanktionsinstrumenten unterscheidet sich das FDP-Bürgergeld grundsätzlich von Geist und Wesen des bedingungslosen Grundeinkommens.

Nach Auffassung von Adrienne Goehler sind die Grünen gespalten. Fast fifty-fifty. Die einen – tendenziell sind es die Jüngeren, die sich links verorten und die selbst mit den Daumenschrauben von Hartz IV in Berührung kamen, oder die, die den Leistungsdruck an den Hochschulen ohne Bafög und Grundeinkommen kennen – sind vor allem auf Länder- und Kreisebene und im Netz aktiv. Das Berliner Führungspersonal aber, deren Arbeitsplatzsicherheit sich in der Regel auf mindestens drei Legislaturperioden erstreckt, das also lange in den Strukturen und im Denken der Realpolitik verfangen ist und weniger in der Wirklichkeit, mag die Idee des Grundeinkommens mehrheitlich gar nicht.

Jedenfalls zückte die Parteispitze auf einem kurz vor einer wichtigen Wahl abgehaltenen Programmparteitag im Jahr 2007, auf dem das Grundeinkommen zur Abstimmung stand, die höchste Trumpfkarte: Rücktrittsdrohung der Vorstandsspitze bei Annahme des Antrags. 58,7 % folgten dann dem Hartz-IV-Verschönerungsvorschlag des Vorstands. Heute, so sagen Insider, tendiert sicher die Hälfte der Parteimitglieder zum Grundeinkommen.

Ein Jahr zuvor war schon der damalige thüringische Ministerpräsident Dieter Althaus (CDU) mit einem Konzept des »solidarischen Bürgergelds« angetreten, das unabhängig von der jeweiligen Einkommenslage ausgezahlt werden sollte und das im Wesentlichen auf dem »Ulmer Modell« bzw. auf Milton Friedmans Prinzip der negativen Einkommensteuer basierte.

Kritisiert wurde das Althaus-Modell vor allem deshalb, weil damit eine massive Entlastung höherer Einkommen einhergeht. Die von Friedman linear gedachte Einkommensteuer wird bei Althaus (wie auch beim Ulmer Modell) nämlich nicht linear angesetzt. Aber auch hinsichtlich der Höhe kam Kritik auf: Ein Beitrag von 800 Euro war angedacht, von dem gleich 200 Euro für die Krankenkasse abgezogen werden sollten, so dass der Gesamtbetrag nicht existenzsichernd wäre. Aber selbst über dieses abgeschwächte Konzept gab es in der CDU bekanntlich erst gar keine Diskussion, und mit Althaus verschwand auch das Modell.

Das Hamburgische WeltWirtschaftsInstitut (HWWI), dessen Direktor, der Volkswirt Thomas Straubhaar, ein engagierter Verfechter des Grundeinkommens ist, hat das Althaus-Modell auf seine Finanzierbarkeit geprüft und für machbar erklärt. Im Jahr 2007 stellte das Institut die Ergebnisse einer Untersuchung vor: »Die Studie zeigt, dass ein lebenslang bedingungslos gewährtes Grundeinkommen in Höhe von 600 Euro jeden Monat für jede Frau, für jeden Mann, für jedes Kind in Deutschland kostenneutral finanzierbar ist, die Nachhaltigkeit des Sozialstaats sichert und neue Arbeitsplätze schafft. Das Grundeinkommen ist ein einfaches und transparentes Umverteilungs- und Sozialsystem mit höchster Effizienz. Es verhindert nachhaltig Armut und kommt mit einem Minimum an Bürokratie aus. Es funktioniert ohne staatlichen Berechtigungsprüfungs-, Ermittlungs- und Kontrollaufwand. Das Grundeinkommen ist volkswirtschaftlich effizient. (…) Es stärkt die Risikobereitschaft der Menschen. Notwendige Veränderungen werden mehr als Chance denn als Bedrohung wahrgenommen. ›Das Grundeinkommen ist finanzierbar‹, so Prof. Dr. Thomas Straubhaar. ›Wegen der unvermeidbar hohen Risiken eines so fundamentalen Systemwechsels, sollte das Konzept jedoch in mehreren Schritten eingeführt werden‹, empfiehlt er. ›Deshalb unterstützt das HWWI ausdrücklich das Modell des Solidarischen Bürgergelds von Ministerpräsident Althaus als ersten wegweisenden Schritt in die richtige Richtung.‹ Ein entscheidender Faktor ist die Höhe des Grundeinkommens. Damit es seine positiven Wirkungen voll entfalten kann, muss es das soziokulturelle Existenzminimum gewährleisten. ›Wie dieses aber definiert wird und wie hoch schließlich das Grundeinkommen sein soll, bleibt letztlich eine politische Entscheidung‹, führt Staubhaar weiter aus.«

Angesichts der Tatsache, dass Althaus keine politische Rolle mehr spielt, sein Modell ohnehin auf wackeligen Füßen stand und die Parteien insgesamt einem bedingungslosen Grundeinkommen ablehnend gegenüberstehen, verblüfft es, dass bei der Bundestagswahl 2009 151 KandidatInnen in ihrem Wahlkampf explizit Grundeinkommen zum Thema gemacht haben. Manche Parteilose traten ausschließlich mit der Einführung des Grundeinkommens als Programm zur Wahl an. Die Webseite www.grundeinkommen-ist-waehlbar.de ermittelte: Die 151 Personen vereinigten auf sich insgesamt gut zwei Millionen, genauer: 2 133 083 Stimmen! Dreißig Grundeinkommensbefürworter wurden tatsächlich – entweder per Direktmandat oder per Landesliste – in den Bundestag gewählt, davon 15 Grüne, neun Vertreter der CDU, fünf Linke und ein Sozialdemokrat.

Außerparlamentarisch – das Netzwerk Grundeinkommen

Selbst der am 30. Mai 2010 überstürzt zurückgetretene Bundespräsident Horst Köhler hat zaghaft, das aber immerhin früh, Ende 2005, dazu angeregt, über »eine Art Grundeinkommen« nachzudenken. Genau das passiert, intensiv und in aller Offenheit, aber vor allem außerparlamentarisch.

Als ein zentrales Forum der Diskussion hat sich in Deutschland wie in anderen Ländern vor wenigen Jahren das Netzwerk Grundeinkommen gebildet. Hier engagieren sich Wissenschaftler, Studierende, Angehörige der Erwerbslosen- und Armutsbewegung, kirchlicher Verbände und Mitglieder verschiedener Parteien. Das Netzwerk gründete sich, mit

Sinn für Symbolik, am 9. Juli 2004, eben jenem Tag, an dem in Deutschland die seither so genannten Hartz-IV-Gesetze verabschiedet wurden. »Die heute verabschiedeten Gesetze führen letztlich zur Entwürdigung derjenigen, die auf soziale Sicherungssysteme angewiesen sind«, kommentierte Michael Opielka, Professor für Sozialökologie in Königswinter, und gab im Gegenzug die Gründung des Netzwerks als pluralistisches Forum für Intellektuelle und politisch Aktive bekannt, das sich künftig für die Einführung eines Grundeinkommens starkmachen werde.

Das deutsche »Netzwerk Grundeinkommen« gliederte sich mit seinen etwa zweitausend Mitgliedern in das ebenfalls 2004 gegründete weltweite Netzwerk Basic Income Earth Network (BIEN) ein. Dieses besteht derzeit aus 16 nationalen Netzwerken, darunter neben Deutschland, Österreich und der Schweiz auch Argentinien, Brasilien, Australien, die USA, Kanada und Japan. Das heutige BIEN-Präsidium ist mit Persönlichkeiten aus Qatar, Südafrika, Spanien und den USA international besetzt.

Was als wissenschaftlicher Diskurs begann, wird allmählich zu einer Bewegung. »Die Idee des Grundeinkommens verbreitet sich wie ein Schwelbrand, der weiter ist, als es ein gelegentliches Züngeln zeigt. Weil sie vernünftig ist, weil sie an der Zeit ist«, meint Daniel Häni, treibende Kraft der Schweizer »Initiative Grundeinkommen«. Der Kaffeehausbesitzer und Social Entrepreneur aus Basel hat zusammen mit dem Frankfurter Künstler Enno Schmidt einen hundertminütigen Lehrfilm »Grundeinkommen – ein Kulturimpuls« gedreht, der kostenlos aus dem Internet herunterzuladen ist (www. kultkino.ch/kultkino/besonderes/grundeinkommen). 250 000 Menschen haben das bereits getan und noch einmal so viele haben den Film bei öffentlichen Vorführungen in Kinos oder Kulturzentren gesehen und heiß diskutiert.

2008 und 2009 gab es in einer beachtlichen Anzahl deutscher Städte eine »Woche des Grundeinkommens«, zu der 247 Organisationen – von A wie Aachener Forum Tätigkeitsgesellschaft bis Z wie ZusammenLEBEN – und etwa dreitausend Einzelpersonen aufgerufen hatten. Zum Markenzeichen der Grundeinkommensbewegung sind dabei öffentliche Krönungsaktionen geworden, bei denen Passanten durch eine goldene Pappkrone zu König und Königin ausgerufen werden – und zwar alle, die es wollen, bedingungslos. Die »Königswelle«, die auch 2010 weitergeht, inszeniert einen Gedanken des Schweizer Radiojournalisten Michael Sennhauser, der die Botschaft des Films von Daniel Häni und Enno Schmidt so zusammenfasste: »Wenn jeder sein eigener König ist, muss keiner der König des anderen sein.« Die unterschiedlichen Reaktionen auf diese Aktion sind das eigentlich Interessante: Einige konnten sich überhaupt nicht vorstellen, für sich selbst verantwortlich zu sein, wehrten es ab, keine und keinen über sich haben zu können, der oder die einen zwar begrenzt, aber eben auch entlastet. Weitere Reaktionen waren Furcht vor der Frage: »Was würden Sie arbeiten, wenn für Ihr Einkommen gesorgt wäre?«, aber auch große Nachdenklichkeit, weil nicht wenigen der Gekrönten bewusst wurde, dass sie sich noch nie erlaubt hatten, diese Frage zu stellen. Ganz überwiegend aber setzte die Königinnenfrage Energien und die Vorstellung frei, durch das Grundeinkommen die eigenen Geschicke selbst in die Hand nehmen zu können.

Auch im World Wide Web findet das bedingungslose Grundeinkommen immer mehr AnhängerInnen. »Innerhalb von nur zwei Monaten haben WIR UNS verdoppelt. Am 20.

Januar waren wir 10 000. Heute am 14. März 20 000!«, titelte im Frühjahr 2010 die auf Facebook eingerichtete Seite zum bedingungslosen Grundeinkommen: Zwanzigtausend Grundeinkommen-Fans registrierten sich bei Facebook (Mitte Juni 2010 waren es bereits 28 000), über 53 000 Menschen unterzeichneten im Februar 2009 eine Online-Petition an den Bundestag, zu der eine bis dahin politisch unauffällige Tagesmutter, Susanne Wiest, aufgerufen hatte. Fünfzigtausend Unterschriften hätten ausgereicht, damit der Petitionsausschuss zusammenkommen muss, um in öffentlicher Anhörung zu beraten. Die abgewählte wie die neue Regierung bemühen sich nach Kräften, den Zeitpunkt hinauszuschieben. Mittlerweile ist der Anhörungstermin für den November 2010 angesetzt, wird also leider erst nach Erscheinen dieses Buches stattfinden. Aber man kann davon ausgehen, dass nicht nur die 20 000 Facebook-Fans genau hinhören werden, was dort gesagt wird. Im Juni 2010 startete das Netzwerk Grundeinkommen zudem eine europaweite Unterschriften-Kampagne für ein bedingungsloses Grundeinkommen: auf der Website www.basicincomeinitiative.eu.

Die vier Kriterien für ein bedingungsloses Grundeinkommen

Das internationale Netzwerk BIEN ist nicht auf ein bestimmtes Finanzierungsmodell festgelegt, auch nicht auf eine Höhe, formuliert aber vier Kriterien für das Grundeinkommen: Es muss existenzsichernd sein, einen individuellen

Rechtsanspruch begründen, darf mit keiner Bedürftigkeitsprüfung einhergehen und keinem Zwang zur Arbeit. Das
Grundeinkommen soll so hoch sein, dass es gesellschaftliche
Teilhabe garantiert, und individuell gezahlt werden – unabhängig von Unterhaltsverpflichtungen von Ehegatten sowie
dem Abhängigkeitsverhältnis zwischen Eltern und erwachsenen Kindern.

1. Existenzsichernd

Dieser Punkt betrifft die Höhe des Grundeinkommens, die
von der Art der Finanzierung der gemeinschaftlichen Zahlungen abhängt. In der Regel sehen die Überlegungen zum
Grundeinkommen nämlich vor, dass alle Sozialversicherungen
und Sozialleistungen, wie beispielsweise Renten- und Arbeitslosenversicherung, Kranken-, Wohn-, Kinder- und Elterngeld, abgeschafft werden. Auch spezielle Rentenformen wie
Beamtenpensionen oder die Altershilfe der Landwirte zum
Beispiel würden entfallen. Das Grundeinkommen soll all diese
bisherigen existenzsichernden Zahlungen ersetzen, muss deshalb mindestens so hoch sein wie die oben genannten Zahlungen zusammengenommen. Ob das Grundeinkommen
auch Gelder zur Gesundheitsvorsorge enthalten soll und um
welche Höhe es dann gehen müsste, ist umstritten: Aber für
das Wesen des Grundeinkommens ist es letztlich unerheblich,
wie es berechnet wird, solange es existenzsichernd ist. In jedem Fall muss die Höhe des Grundeinkommens so hoch sein,
dass man davon nicht nur überleben, sondern an der Entwicklung der Gesellschaft, am gemeinschaftlichen, sozialen wie
kulturellen Leben teilhaben kann.

Ob eine solche Teilhabe mit tausend Euro im Monat möglich ist, hängt auch davon ab, wie sich die Preise entwickeln und welche Leistungen die Gesellschaft kostenlos zur Verfügung stellt. Waren zum Beispiel früher Schule und Universität genauso wie Bibliotheken und sogar Museen ein hohes öffentliches Gut, das subventioniert wurde, erleben wir nun, dass der Staat auch solche Güter zunehmend privatisiert. Wenn die Busfahrkarte jedoch nicht nur die Kosten des öffentlichen Verkehrs, sondern auch noch den Gewinn eines Privatunternehmens finanzieren muss, könnte es sein, dass man eines Tages sehr viel Grundeinkommen braucht, um am gesellschaftlichen Leben noch teilhaben zu können.

Die Grundidee jedoch dürfte deutlich geworden sein: Egal, ob teilweise als Bildungsgutschein oder nicht, in welcher Form und in welcher Höhe das Grundeinkommen ausgezahlt wird, es muss nicht nur die Existenz, sondern auch die kulturelle Teilhabe sichern.

2. Individueller Rechtsanspruch

Dieser Ansatz bricht mit der Logik der bisherigen Sozialsysteme. Heute werden staatliche Leistungen an Lebensgemeinschaften gezahlt. Eine Person erhält das Einkommen stellvertretend für alle und kann es daraufhin ziemlich eigenmächtig verteilen. Das war in der klassischen Familie der Vater als Alleinverdiener, der das Einkommen der Familie erwirtschaftete. Aus diesem Einkommen wurde das Leben der gesamten Familie finanziert, getragen von der Ideologie, dass die Reproduktion der ganzen Familie, die auf den unbezahlten Schultern der Frau und Mutter lastet, mitfinanziert ist.

Der Staat subventioniert bekanntlich diese Lebensform immer noch, indem er den verheirateten Mann gegenüber dem unverheirateten steuerlich begünstigt. Geht die verheiratete Frau ebenfalls einer bezahlten Tätigkeit nach, werden beide Einkommen zunächst unterschiedlich besteuert, am Jahresende jedoch gemeinsam bewertet. Dadurch wird die bestehende Einkommenshierarchie zwischen den Geschlechtern noch verstärkt und einem Gesellschaftsbild Vorschub geleistet: dass in vielen Familien die Frau nur etwas hinzuverdient, der Mann jedoch die Familie ernährt. In dieser Konstruktion liegen alle bekannten zwischenmenschlichen Fallen begründet: der besondere Machtanspruch der Männer, die Abhängigkeit und Existenzangst der Frauen. Statt einer gleichberechtigten Partnerschaft entstehen somit mehr oder weniger notdürftige, ökonomisch motivierte Zweckgemeinschaften.

Diese Verknüpfung von Existenzsicherung und Abhängigkeit soll durch das Grundeinkommen aufgelöst werden: Jeder und jede soll über sein oder ihr eigenes Grundeinkommen verfügen, unabhängig davon, mit wem er oder sie das Leben teilt. Somit ist jedem Menschen freigestellt, ob er sich finanziell mit dem Grundeinkommen begnügt, um sich beispielsweise auf die Erziehung von Kindern zu konzentrieren, oder einer bezahlten Tätigkeit nachgeht. Durch den individuellen – bedingungslosen – Rechtsanspruch entfallen auch die unsäglichen Überprüfungen der Privatsphäre, wie sie mit der aktuellen Vergabe von Sozialleistungen verknüpft sind. Denn in der Bewertung durch die Sozialbehörden macht es derzeit einen Unterschied, ob zwei Menschen als Wohngemeinschaft oder als Liebespaar zusammenleben – Erstere können beide unabhängig vom Einkommen des anderen Sozialleistungen erhalten, Letztere müssen nachweisen, dass der jeweils an-

finanzieren den öffentlichen Nahverkehr mit; überzeugte Bahnreisende zahlen auch für den Autobahnbau; und Bibliotheken oder Theater werden auch aus Steuern derjenigen subventioniert, die Kultur für das Überflüssigste auf der Welt halten. Das bedingungslose Grundeinkommen ist erweiterte praktizierte Solidarität eines Gemeinwesens, das alle Individuen gleich behandelt.

4. Kein Zwang zur Arbeit

Dieses Kriterium löst die größten Emotionen und Widerstände aus, weil es am konsequentesten mit unseren Denkgewohnheiten bricht. Denn das bedingungslose Grundeinkommen soll nicht nur ohne Bedürftigkeitsprüfung ausgezahlt werden, sondern auch ohne Zwang zur Arbeitsleistung. Dadurch unterscheidet es sich explizit von allen Modellen einer Grundsicherung, die allesamt eine Verpflichtung zur Arbeit beinhalten. Wir kennen uns gut damit aus, wie es ist zu arbeiten, ohne dafür entlohnt zu werden, aber die Vorstellung, ohne Arbeit Geld zu kriegen, beunruhigt in vielerlei Richtungen: Wer würde dann noch die gesellschaftlich notwendigen, aber ungeliebten Arbeiten verrichten, ja, wer würde dann überhaupt noch arbeiten? Oder liegt in der Befreiung vom Zwang zur Arbeit nicht die einzige Chance, adäquat auf den Verlust von immer mehr herkömmlichen Erwerbsarbeitsplätzen zu reagieren? Müssen zukünftig nicht überhaupt viele Menschen damit rechnen, nur noch befristet, projektbezogen, eine leidlich bezahlte Arbeit zu finden?

Von der Befreiung des Zwangs zur Arbeit verspricht sich das BIEN-Netzwerk eine neue – notwendige – Vielfalt von nebeneinander existierenden Arbeits- und Tätigkeitsformen. Besonders in diesem Punkt liegt der gesellschaftliche Mehrwert: in der Freiheit, zwischen den unterschiedlichen Sphären des Lebens wählen zu können, zwischen bezahlter Arbeit, Beziehungsarbeit, beruflicher Neuorientierung oder Erweiterung – und ja: auch Müßiggang –, die sich gegenseitig unterbrechen, ergänzen, gar bedingen können. Was den Wechsel zwischen Erwerbs- und Beziehungsarbeit anbelangt, ist dieser gegenwärtig – unfreiwillig – immer noch meist den Frauen vorbehalten, mit den bekannten negativen Konsequenzen für den Wiedereinstieg ins Berufsleben, an den nach wie vor männliche Maßstäbe angelegt werden. Ein Grundeinkommen könnte helfen, genau diese Standards zu verändern, und für beide Geschlechter Durchlässigkeiten in ihren Biographien erzeugen.

Die Kernidee des Grundeinkommens noch mal in der Übersicht: Das bedingungslose Grundeinkommen soll

- die Existenz sichern und gesellschaftliche Teilhabe ermöglichen,
- einen individuellen Rechtsanspruch darstellen,
- ohne Bedürftigkeitsprüfung ausgezahlt werden,
- keinen Zwang zur Arbeit bedeuten.

An diese vier Kriterien knüpft sich eine Reihe von Einwänden, die in den letzten Jahren vielerorts diskutiert wurden.

Notorische Einwände gegen
das Grundeinkommen

- Die Forderung der **existenz- und teilhabesichernden Höhe** führt zwangsläufig zu der Frage der Finanzierung des Grundeinkommens. Schließlich seien die Sozialkassen doch jetzt schon überlastet:
➡ Können wir uns das Grundeinkommen überhaupt leisten?
- Der **individuelle Rechtsanspruch** bedeutet eine Umverteilung von Geld und Macht. Vor allem Männer in traditionellen Familienkonstellationen fürchten um den Machtverlust, wenn ihre Ehefrau plötzlich über eigenes Einkommen verfügt, vielleicht sogar als Erziehungsberechtigte der gemeinsamen Kinder auch noch über deren Grundeinkommen. Wenn alle Beteiligten ökonomisch auch allein überleben könnten, hätte dies mit Sicherheit erhebliche Auswirkungen auf bestehende Lebensgemeinschaften mit und ohne Kinder. Sehr wahrscheinlich würde sich das Verhältnis der Geschlechter ändern, wenn der »Versorgungsaspekt« durch die steuerlich und ideologisch begünstigte Ehe wegfallen würde, weil Frauen plötzlich genauso viel Grundeinkommen hätten wie Männer. Daher reagieren die Geschlechter unserer Erfahrung nach auch höchst unterschiedlich auf diesen Aspekt des Grundeinkommens: Männer lehnen den individuellen Rechtsanspruch häufig ab, Frauen reagieren eher vergnügt auf diese Vorstellung.

Doch nicht nur die Geschlechterverhältnisse ändern sich. Auch viele andere gewohnte Aspekte der Lebenswelt wären plötzlich in Frage gestellt. Kündigungsschutz könnte eine andere Bedeutung bekommen, weil ja die Existenz aller Menschen grundsätzlich gesichert wäre, auch wenn man den Job verlieren würde. Überhaupt wären lebenslange Beschäftigungsverhältnisse und daraus abgeleitete Rechte zu hinterfragen, etwa wofür genau wir noch Beamte brauchen, denen der Staat derzeit noch eine besonders gesicherte Stellung zugesteht. Wenn alle Menschen ein Grundeinkommen beziehen würden, müsste es keine Privilegien für Einzelne geben. Klassische Biographien würden aufgebrochen, weil Menschen mit der Sicherheit eines Grundeinkommens im Rücken etwa auf die Idee kommen könnten, auch im höheren Alter noch eine Ausbildung zu machen, weil sie ihren einmal gelernten Beruf nicht mehr befriedigend finden. Oder manche gingen statt mit 60 vielleicht erst mit 76 in Rente, weil sie Vergnügen an ihrer Arbeit hätten oder über mehr Geld verfügen wollten, für was auch immer. Deshalb liegt die Frage nahe:

➠ Inwiefern werden sich die Lebens- und Arbeitswelten in unserer Gesellschaft durch das Grundeinkommen verändern?

• Die **wegfallende Bedürftigkeitsprüfung** irritiert und ärgert viele, die eine Gleichbehandlung aller Menschen grundsätzlich mit dem Argument ablehnen, Menschen seien eben nicht alle gleich. Sie fühlen sich durch die Idee des bedingungslosen Grundeinkommens über einen Kamm geschert. Vor allem RenterInnen hegen die Sorge, durch das vereinheitlichende Grundeinkommen um die Früchte ihrer Lebensleistung geprellt zu werden. Ein weiteres Problem stellen chronisch Kranke dar, die sehr viel höhere Existenz- und Teilhabekosten zu tragen haben als gesunde; hier erscheint es ungerecht, allen dasselbe Grundeinkommen auszuzahlen. Zu klären ist:

➠ Inwiefern wird in einer Grundeinkommensgesellschaft die Vielfalt der Lebensansprüche und -möglichkeiten gesichert?

• Der **Wegfall jeglichen Arbeitszwangs** treibt viele Menschen zu der Horrorvision, dass sich die Mehrheit der Bevölkerung dann auf die faule Haut legt und nur noch eine Minderheit einer Arbeit nachgeht. Aufgrund ausbleibender Arbeitsleistung bricht dann binnen kürzester Zeit das gesamte Wirtschaftssystem in sich zusammen, so die Vermutung. Andere Menschen hingegen fragen sich, ob das Grundeinkommen nicht erst zur Arbeit beflügelt, die Arbeitsmotivation also wachsen wird, wenn man nicht permanent von Existenzsorgen geplagt ist. Die Frage lautet demnach: Wird unsere Arbeitsgesellschaft durch das Grundeinkommen zerstört? Oder anders gefragt:

➠ Was tun Menschen, wenn sie nicht »müssen müssen«?

Warum ein Traum wahr werden kann

Diesen vier Fragenkomplexen werden wir uns auf den nächsten Seiten widmen. Es soll zunächst darum gehen, was für das Grundeinkommen spricht, welche positiven Veränderungen ein Grundeinkommen mit sich brächte und inwiefern diese erstrebenswert sind. Wir möchten herausfiltern, was sich durch das Grundeinkommen ändern würde – und was nicht. Denn obgleich vielen das bedingungslose Grundeinkommen unvorstellbar ist, sind wir von der Grundeinkommensgesellschaft in Wirklichkeit gar nicht weit entfernt. Die Frage, was Menschen tun, wenn sie nicht müssen, wird schon oft genug in der Praxis beantwortet. Deswegen sind wir überzeugt davon, dass das Grundeinkommen gesellschaftlich und ökonomisch nicht nur keinen Schaden anrichten, sondern im Gegenteil unser Land beflügeln würde.

Die Frage, inwiefern sich das Grundeinkommen auf unsere vielfältigen Lebensansprüche und -möglichkeiten auswirkt, können wir nicht nur theoretisch, sondern ganz praktisch beantworten. Wesentliche Elemente des Grundeinkommens sind durchaus schon realisiert – nur unter anderem Etikett.

Die Arbeitswelt ist eine gänzlich andere als die, die noch unsere Eltern kannten. Zwar spricht die Politik noch unverändert von Vollbeschäftigung als Ziel ihrer Bemühungen, doch Glauben schenkt ihr diesbezüglich niemand mehr. Längst haben wir begriffen, dass es Vollbeschäftigung bestenfalls in den legendären Wirtschaftswunderjahren gegeben hat, und da vor allem deshalb, weil die Bevölkerung durch den vorausgegangen Krieg dezimiert war. Und auch in der Blütezeit der keynesianischen Wirtschaftspolitik war die annähernde Vollbeschäftigung keine echte, weil sie immer nur Männer meinte. Das Scheitern des Anliegens – wenn es jemals eines war –, das Prinzip des Wohlfahrtsstaats von der Klasse auf das Geschlecht auszudehnen, beschreibt etwa der konservative Historiker Paul Nolte in »Sozialstaat, Gesundheit und Gerechtigkeit: Plädoyer für eine neue Sozialpolitik in veränderter Welt«.

Ralf Dahrendorf, der nicht nur das Grundeinkommen als zeitgemäßes Mittel einer sozialen Gesellschaft begriff, sondern auch früh das Tabu brach und schon 1982 von dem unumkehrbaren Prozess der Massenarbeitslosigkeit sprach, lieferte einen einleuchtenden Grund für die Widerstände der Politik, diese Tatsache offen anzusprechen: »Es liegt vor allem daran, dass Arbeit zumindest auch ein Herrschaftsinstrument ist. Wenn sie ausgeht, verlieren die Herren der Arbeitsgesellschaft das Fundament ihrer Macht.« Wer einstellen und entlassen kann, übt Macht über das Leben anderer aus. Politik, die vorgibt, diese Prozesse mit Gesetzen und Reformen zu regeln, hat noch größere Macht. Wenn Politik zugibt, dass sie keine Arbeit schaffen kann, ist sie nutzlos.

Diese Analyse wirft die Frage auf: An welchem Geländer entlang kann das Leben der Menschen geordnet werden, wenn die Strukturierung und Disziplinierung durch die Organisation der Arbeit entfällt? Und wie bestimmt sich eigentlich die soziale Identität von Menschen, wenn sie sich nicht mehr durch ihre bezahlte Arbeit definieren können? Der Kultursoziologe Wolfgang Engler fragt in seinem Buch »Bürger ohne Arbeit«: Was tun, wenn »das Cogito der Lohnarbeitsgesellschaft: Ich werde bezahlt, also bin ich«, das unser Zusammenleben mindestens seit dem letzten Jahrhundert geprägt hat, keine reale Grundlage mehr hat, weil es nicht genug bezahlte Arbeit gibt?

Dasselbe gilt für die Veränderung unserer Lebenswelten: Die traditionell wichtigste Keimzelle unserer Gesellschaft, die Familie, hat nicht mehr den Stellenwert wie früher. Wir leben in einer Single-Gesellschaft mit wechselnden Lebensabschnittsgefährten, führen offene Beziehungen, bilden soziale Netzwerke jenseits von Familien- und Vereins- oder nationaler Zugehörigkeit. Wer glaubt, das Grundeinkommen zerstöre diese Traditionen, verwechselt Ursache mit Wirkung.

In jedem Fall erfordert die kulturelle Revolution, die ein Grundeinkommen bedeuten würde, keine Barrikaden und kein umstürzlerisches Blutvergießen. Sie findet zunächst vor allem im Kopf statt, indem wir tradierte Begriffe und Normen hinterfragen, weil wir mit dem Denken von gestern die Probleme von morgen nicht lösen können. Die Realität ist schon viel weiter als unser Bewusstsein, vor allem viel weiter als die Politik und ihre Rezepturen. Dieses Buch soll Ihnen deshalb Anregungen geben, die Welt so zu sehen, wie sie eigentlich schon längst ist. Sie werden sehen: Nichts liegt so nahe wie das bedingungslose Grundeinkommen.

Denjenigen, die gegen Ende dieses Buches immer noch die drängende Frage haben »Gut, hört sich alles verlockend an, aber wie soll das finanziert werden?«, stellen wir im Schlusskapitel ein mögliches Finanzierungsmodell vor, die Konsumsteuer, für die Götz Werner steht. Adrienne Goehler will sich auf diese Art der Finanzierung nicht festlegen. Sie glaubt, dass diese Frage zuerst durch ein transdisziplinäres Forschungsvorhaben bearbeitet werden muss, aus dem sich erst konkrete Umsetzungsschritte ergeben können.

Finanzminister Wolfgang Schäuble, bisher nicht als Befürworter eines bedingungslosen Grundeinkommens aufgefallen, hat die Finanzierbarkeit von »Tausend Euro für jeden«, vermutlich gänzlich unbeabsichtigt, in einem Interview mit der *Frankfurter Rundschau* im Februar 2010 erklärt. Dort ließ er wissen, dass der deutsche Staat schon jetzt pro Jahr eine Billion Euro für Sozialleistungen ausgibt – wir zitieren: »12 500 Euro pro Kopf«. Das Geld ist also da. Und sogar ein wenig mehr, als wir mit »Tausend Euro für jeden« in diesem Buch vorschlagen, die summieren sich ja bloß auf 12 000 Euro pro Kopf und Jahr!

Davor ist aber die erste und zentrale Frage, die wir beantworten müssen, ob wir in einer Gesellschaft leben wollen, die ein Grundeinkommen zahlt. Wenn wir es wollen, werden wir nach und nach auch herausfinden, wie viel wir auf welche Art und Weise an wen bezahlen – und damit auch, auf welche Weise wir das Grundeinkommen finanzieren. Denn: Wer will, findet Wege; wer nicht will, findet Gründe.

3. KAPITEL:

Wie ein Lotto-Gewinn für alle

Was würden Sie tun?

»Was würden Sie tun, wenn Sie jeden Monat bedingungslos tausend Euro bekämen?« Diese Frage stellen wir beide gleichermaßen gern Menschen, denen wir irgendwo begegnen, bei Vorträgen, im Zug oder im Café.

Die meisten sind erst einmal völlig irritiert. »Tausend Euro? Für mich? Wofür denn?«, heißt in der Regel die Gegenfrage, worauf wir wiederholen: »Ja, tausend Euro. Ja, für Sie. Bedingungslos. Jeden Monat auf Ihr Konto überwiesen, einfach weil Sie existieren.«

Es dauert eine Weile, bis sich die Erstarrung löst, das Undenkbare denkbar wird und das laute Denken beginnt, in der Art: »Ich weiß nicht. Darüber habe ich noch nie nachgedacht. Na ja, davon könnte man ja im Prinzip schon leben. Aber zur Arbeit würde ich trotzdem gehen, vielleicht nicht mehr zu der, die ich gerade habe, obwohl mir die Arbeit eigentlich schon Spaß macht, wenn nur der Chef nicht wäre …«

Meist entwickeln sich längere Gespräche aus dieser Frage. Erika W. beispielsweise, ein Zimmermädchen, das Götz Werner einmal in einem Hotel ansprach, reagierte fast unwirsch: »Weiterarbeiten natürlich!«, sagt sie verständnislos.

Was solle sie denn sonst tun?! Dann beginnt sie nachzudenken und erklärt: »Ich würde nicht mehr hier arbeiten, nicht mehr in diesem Job.« Sie erzählt, dass sie eigentlich Hartz IV bezieht, aber eines Tages so viel zu verdienen hofft, dass sie nicht mehr aufs Staatsgeld angewiesen ist. Sie ist frisch geschieden, ihr Ex-Mann seit fünf Jahren arbeitslos, sie hat keinen Berufsabschluss. Die letzten gemeinsamen Jahre waren die Hölle. Der 18-jährige Sohn geht noch zur Schule, macht gerade seinen Berufsabschluss; ihre fünfjährige Tochter ist vormittags im Kindergarten. In dieser Zeit kann Erika W. arbeiten. Ihr ist fast egal was. Schon vor dem Abschluss der Einzelhandelslehre war sie schwanger. Der Vater des Kindes hatte einen guten Job in einer Maschinenfabrik vor Ort. Also wurde geheiratet und fast zwei Jahrzehnte das klassische Familienmodell gelebt; er verdiente Geld, sie war Mutter und Hausfrau, verdiente etwas Geld in einer Bäckerei dazu. Dann kam das zweite Kind, wenige Monate später verlor der Mann den Job und immer öfter auch die Nerven. Irgendwann war klar, dass die Ehe nicht zu retten war. Seitdem versucht Erika W., allein durchs Leben zu kommen, und arbeitet, wo und was sie kann.

Vorerst als Zimmermädchen in einem Hotel für etwa zwanzig Euro am Tag. Geld, das mit dem Hartz-IV-Satz verrechnet wird.

Die Frage »Was würden Sie tun, wenn Sie jeden Monat bedingungslos tausend Euro bekämen?« weist sie derart schroff zurück, weil sie nichts geschenkt will. Sie will nur endlich raus aus der Bittsteller-Position, nicht mehr abhängig sein, weder von ihrem Mann, noch vom Staat. Es ist ihr unvorstellbar, tausend Euro zu bekommen, bedingungslos. Sie will etwas dafür leisten.

Am nächsten Tag findet das Gespräch eine Fortsetzung: »Spielen Sie Lotto?« Erika W. schüttelt den Kopf, dafür habe sie kein Geld. Trotzdem lässt sie sich auf die nächste Frage ein: »Was würden Sie tun, wenn Sie im Lotto gewännen?« Diese Frage ist nicht weniger hypothetisch als die nach dem Tausend-Euro-Grundeinkommen, aber den meisten Menschen irgendwie vertrauter. Tatsächlich ist ihre Reaktion nun eine gänzlich andere. Offenbar kann sie sich gedanklich mit dem Lottogewinn besser anfreunden als mit einem bedingungslosen Grundeinkommen. Wie aus der Pistole geschossen antwortet sie: »Dann würde ich ein Hotel aufmachen oder ein Reinigungsunternehmen mit vielen Mitarbeitern, Frauen und Männer! Ich kenne so viele, die Arbeit suchen. Ja, ich würde Unternehmerin werden. Klar. Ja. Sofort.«

Uns überrascht die Antwort nicht. Im Gegenteil. Die meisten Menschen phantasieren sich in ihren Tagträumen weniger in ein Schlaraffenland, in dem sie bewunderter Superstar sind – das gehört ins Reich von *BILD*, *Bravo* und *Frau im Spiegel* –, sondern drücken darin ihren Wunsch aus, mit ihrem Wollen, Können und Lieben etwas bewirken zu können. Und auch: etwas von der Welt zu sehen. Erika W. träumt eben nicht von hemmungslosem Konsum oder davon, nie wieder arbeiten zu müssen, sondern davon, Verantwortung zu übernehmen und gestalten zu können: als Unternehmerin, vielleicht als Hotelmanagerin oder als Geschäftsführerin eines Reinigungsbetriebes. Das heißt, sie schätzt sich selbst und ihre Möglichkeiten relativ realistisch ein, weiß, auf welche Fähigkeiten sie sich verlassen kann. Aus denen will sie eine bezahlte Tätigkeit machen und Arbeitsplätze schaffen.

Ein Grund für den großen Unterschied zwischen den Fragen »Was würden Sie tun, wenn Sie ein Grundeinkommen hätten?« und »Was würden Sie tun, wenn Sie im Lotto gewännen?« liegt vermutlich darin, dass wir uns eher einen wenig realistischen Lottogewinn vorstellen können, als Teil einer Gesellschaft zu sein, die ihren Mitgliedern eine würdige Existenzmöglichkeit einräumt, in der es einen finanziellen Rahmen dafür gibt, das zu tun, was man will und kann.

Wem wir auch die »Was würden Sie tun?«-Frage stellen, die Erfahrungen ähneln sich: Die allermeisten können ihre eigenen Potentiale sehr realistisch erkennen und einschätzen – und warten nur darauf, sie benutzen zu können.

Die Internetseite www.waswuerdensietun.de gibt aufschlussreiche Beispiele, wie die Vorstellung, das realisieren zu können, was man will, motiviert. Und auch aus der Arbeits-, Glücks- und Motivationsforschung wie der Neurobiologie haben wir Hinweise, die unsere Beobachtung untermauern: Menschen wollen Sinnvolles arbeiten, in einem von ihnen selbst mitgestalteten Rahmen, und haben eine realistische Einschätzung ihrer Leistungsfähigkeit.

Einige Beispiele von waswurdensietun.de:

Ines, 46 Jahre: »Ich würde so weiterleben wie bisher. Ich habe sechs Kinder, wovon noch drei in meinem Haushalt leben. Dadurch bin ich in Hartz IV gerutscht, denn ich finde, dass man sich um Kinder kümmern muss. Diese Arbeit wird aber von niemandem anerkannt, im Gegenteil. Endlich bräuchte man kein schlechtes Gewissen mehr haben, dass man nur zu Hause war und Kinder erzogen hat. Nebenbei würde ich meine Prüfung zur Heilpraktikerin finanzieren und mir auch mal das ein oder andere Seminar leisten, um mich fortzubilden. Durch das Grundeinkommen wäre es mir auch möglich, Menschen zu behandeln, die sich das eventuell bisher nicht so leisten konnten.«

Thomas, 43 Jahre: »Mir mehr Zeit nehmen, Open Source Software zu verbessern = genau die Arbeit weiter machen, die ich aktuell mache. Nicht alle sind in der glücklichen Position, genau das machen zu können, was sie wollen. Interessant ist auch die extrem hohe Quote der Personen, die zwar arbeiten, aber innerlich gekündigt haben, je nach Schätzung zwischen 75–85 % aller Beschäftigten! Genau daher kommt wahrscheinlich die Befürchtung, dass alle (innerlich Gekündigten) nicht weiterarbeiten würden.«

S., 31 Jahre: »Meine persönliche Tätigkeit würde sich vielleicht gar nicht so sehr von der heutigen unterscheiden, aber ich träume davon, dass in einer Gesellschaft mit Grundeinkommen insgesamt mehr Platz wäre für Träume und Träumer und Menschen, die ein bisschen länger brauchen, bis sie ihren persönlichen Platz gefunden haben. Ich bin überzeugt, dass sehr viele Menschen und Ideen bisher auf der Strecke bleiben, weil unsere Vorstellungen eines produktiven Beitrags zur Gesellschaft für alles jenseits der 40-Stunden-Festanstellung wenig Raum lassen und sich ›vernünftige‹ Menschen in diese Strukturen fügen, bevor sie sich alternative Gedanken überhaupt erlaubt haben. In diesem Zusammenhang finde ich das ›Würde weiterarbeiten‹ – Ankreuzfeld auf dieser Seite übrigens fehl am Platz – geht es nicht gerade darum, einer erweiterten Vorstellung produktiver Tätigkeit den Weg zu bereiten? Was ist mit Hausfrauen, Ehrenamt oder mit ›Zeit für andere Menschen haben‹?«

Ulf, 32 Jahre: »Ich würde weiter arbeiten, aber mein Pensum so weit runterschrauben, dass es meiner Gesundheit zuträglich ist. Wahrscheinlich würde ich auch einige andere Arbeiten ausprobieren, ob die mir nicht mehr Spaß machen. Oder mich selbständig machen.«

Toby, 34 Jahre: »Wahrscheinlich würde ich weniger arbeiten, um mehr Zeit für mich und meine Familie zu haben. Also weniger als die 55 Stunden jetzt. Und wahrscheinlich würde ich meine Prioritäten anders setzen. Und mehr Musik machen. Wieder lernen. Aber Leben ohne Arbeit kommt nicht in Frage.«

Bella, 19 Jahre: »Wenn ich durch ein Grundeinkommen frei von dem Druck der Existenzangst sein würde, würde ich mir mehr Zeit nehmen, um herauszufinden, was ich wirklich machen will. Die Gesellschaft würde sich sicherlich sehr ändern, so dass ich dann gucken würde, in welchen Bereichen noch Hilfe benötigt wird. Altenpflege und Kinderbetreuung würden mich reizen, aber auch meine kreative Selbstverwirklichung. Ich hätte allgemein mehr Freude und Freiraum, um verschiedenes auszuprobieren.«

Das gespaltene Menschenbild

Über tausend Menschen haben auf der genannten Webseite bereits Auskunft gegeben, was sie tun würden. Und der Trend ist eindeutig: 89 Prozent wollen weiter arbeiten, nur 11 Prozent wollen das nicht.

In »Verflüssigungen« hat Adrienne Goehler dazu die Behauptung aufgestellt: »Wirklich sozial wird eine veränderte und sich verändernde Gesellschaft erst, wenn die Menschen nicht bedarfsbemessen werden, sondern sie selbst die Bedingungen herstellen können, ihren je möglichen, eigenen, aktiven Beitrag darin leisten zu können. Das könnten wir dann Kulturgesellschaft nennen.«

Natürlich handelt es sich bei den Einträgen auf dieser Webseite um keine repräsentative Auswahl. Denn diejenigen, die sich auf der Webseite www.waswuerdensietun.de zu Wort melden, haben sich schon mit dem Gedanken eines bedingungslosen Grundeinkommens befasst und eine Vorstellung davon, wie sie gern leben und arbeiten würden. Und naturlich treffen wir auch bei unseren Vorträgen eher auf ein vorgebildetes und interessiertes Publikum.

Trotzdem scheint die weitverbreitete Annahme, dass *niemand* mehr arbeiten gehen würde, wenn es ein bedingungsloses Grundeinkommen gäbe, haltlos. Amüsanter- und interessanterweise wiederholt sich dieser Einwand dennoch in all unseren Gesprächen und Veranstaltungen. Wenigstens einmal trägt jemand die klare Überzeugung vor, das sei zwar alles ganz nett, aber völlig unrealisitisch und würde unsere Solidargemeinschaft, unsere Ökonomie und unser Land zerstören, weil sich bei einem bedingungslosen Grundeinkommen alle auf die faule Haut legen würden. Wenn wir darauf die Frage stellen, ob sie oder er denn zu arbeiten aufhören würde, kommt die Erwiderung im gleichen Brustton der Überzeugung: Sie persönlich würden selbstverständlich weiterarbeiten, sogar dann endlich noch sinnhafter arbeiten können, aber *die anderen* doch nicht!! Götz Werner pflegt daraufhin zu resümieren: »Wir Menschen haben eben oftmals zwei Menschenbilder, ein gutes für uns selbst und ein schlechtes für die anderen.«

Die Zeitschrift *brand eins* belegte diese Spaltung per Umfrage: »Anteil der Menschen, der versichert, auch mit einem bedingungslosen Grundeinkommen arbeiten zu gehen:

Neunzig Prozent. Anteil der Menschen, der glaubt, andere würden durch ein bedingungsloses Grundeinkommen aufhören zu arbeiten: Achtzig Prozent.«

Es scheint sich dabei um dasselbe Missverhältnis zwischen Selbstbild und Fremdbild zu handeln wie im Straßenverkehr: Die meisten Autofahrer glauben, dass die anderen Verkehrsteilnehmer schlecht Auto fahren, halten sich selbst aber für gut. Und Männer finden natürlich noch zusätzlich, dass sie besser als die Frauen fahren, auch wenn alle Statistiken dagegen sprechen.

Wenn das Grundeinkommen genauso gut oder schlecht funktionieren würde wie der Straßenverkehr, dann wären wir – bis auf einige Unfälle und gelegentliche Staus – auf der sicheren Seite. Anders gesagt: Das Grundeinkommen mag die Angst vor der »sozialen Hängematte«, in der die anderen liegen wollen, schüren, aber nicht nur Millionäre machen die Erfahrung, dass nach einer gewissen Zeit selbst noch so luxuriöses Faulenzen öde wird. Der Mensch ist auf Resonanzen angelegt, er will nützlich sein, geliebt und gebraucht werden und gestalten. Das alles schafft man durch bloßes Nichtstun nicht.

Unser beider Menschenbild ist zweifellos ein optimistisches, und wir behaupten: Die meisten Menschen, die heute arbeiten und sich für die Gesellschaft engagieren, würden das auch nach dem Jahr null des neuen Grundeinkommen-Zeitalters tun. Wenn am Ende doch die pessimistische Sicht auf die Menschen recht hätte und die Mehrheit aufhören würde zu arbeiten, hätte sich das mit dem Grundeinkommen ohnehin absehbar schnell erledigt. Dann können wir ja immer noch zum heutigen Modell zurückkehren!

Menschen mit Grundeinkommen –
Utopie? Nein, Realität!

Für die positive, optimistische Sichtweise auf Menschen als Wesen, die nicht die Mischung aus Belohnung und Bestrafung brauchen, um sich zu motivieren, sondern auch dann für sich und eine Gemeinschaft arbeiten, wenn sie nicht müssen, spricht die Tatsache, dass bereits heute zahlreiche Menschen ein Grundeinkommen beziehen und trotzdem arbeiten. So im Fall des Lottogewinns, der existenz- und teilhabesichernd ist: Er wird individuell ausgezahlt, er ist – bis auf die Tatsache, dass man einen Lottoschein ausgefüllt haben muss – bedingungslos, und der Lottogewinn befreit von jedem Zwang zur Arbeit. Insofern entspricht er durchaus dem bedingungslosen Grundeinkommen – und man kann vermuten, dass das Verhalten der Menschen in beiden Fällen vergleichbar ausfallen wird.

4200 Menschen wurden seit Einführung des Spiels in Deutschland 1955 durch Lotto Millionäre. Davon haben 14 Personen im Rahmen einer Forschungsarbeit in Sozialarbeit den beiden Studenten Christoph Lau und Ludwig Kramer Auskunft gegeben. Ihre Ergebnisse publizierten sie 2005 in dem Buch »Relativitätstheorie des Glücks«.

Ein Ergebnis dieser Arbeit, die angesichts der wenigen befragten Personen nicht repräsentativ ist, lautete: »Niemandem war der Reichtum anzumerken.« Fast alle waren höchst vernünftig mit dem Gewinn umgegangen, zahlten ihre Kredite ab und genossen den neuen Reichtum nicht durch erhöhten Konsum. Nur ganz wenige hatten die oft herbeigesehnte Kündigung nach dem Gewinn in die Tat umgesetzt:

Lediglich zwei der acht Berufstätigen unter den Befragten kündigten tatsächlich.

Nur eine Frau und ein Mann verhielten sich mehr oder weniger den Klischeevorstellungen entsprechend: Die Frau kündigte ihren Job, kaufte sich teure Kleider und ein neues Auto und genoss das Leben in vollen Zügen. Das Geld hielt nur wenige Jahre. Danach stand sie nach eigener Aussage schlechter da als vorher. Der Mann prahlte mit seinem neuen Reichtum und konnte sich vor lauter bittstellenden Freunden und Verwandten nicht mehr retten. Am Ende musste er Haus und Geschäft verkaufen und avancierte zum bekanntesten Arbeitslosengeld-Empfänger seiner Stadt.

Aber die beiden bilden eben die Ausnahme. Statt das gewonnene Geld aus dem Fenster zu werfen, genießen die meisten deutschen Lottomillionäre vor allem das beruhigende Gefühl, ein dickes Polster auf dem Konto zu haben, und zahlen sich selbst ein monatliches Einkommen, das an ihre von ihnen selbst aufgestellten Bedingungen geknüpft ist. Sie wollen gar nicht, dass sich irgendetwas ändert, zumindest nichts Außergewöhnliches.

Einige Lotto-Gesellschaften wie die staatliche belgische Lotterie »Win for Life« zahlen Millionengewinnern die Summe nicht auf einen Schlag aus, sondern in Form eines lebenslangen monatlichen Betrags – im belgischen Fall tausend Euro (!). Ein bedingungsloses Grundeinkommen!

Das Glück der finanziellen Unabhängigkeit

Diese Art von finanzieller Unabhängigkeit ist übrigens ein Glück, das weit mehr als 4200 Menschen in Deutschland zuteil wird, auch ohne dass sie Lotto spielen. Das Deutsche Institut für Wirtschaftsforschung (DIW) veröffentlichte im Januar 2010 erneut eine Studie über die Vermögensverteilung in Deutschland. Letztere fällt immer drastischer aus.

Nach den Forschungsergebnissen verfügen gegenwärtig rund zwei Drittel der Bevölkerung ab 17 Jahren über kein oder nur über ein sehr geringes Vermögen, während sich das Gesamtvermögen unserer Gesellschaft bei dem verbliebenen Drittel ballt. Männer verfügen über ein sehr viel größeres Vermögen als Frauen und Menschen deutscher Herkunft über fast doppelt so viel wie Menschen mit Migrationsgeschichte. Die Auswirkungen dieser Verteilung von Reichtum und Arbeit beobachten wir seit langem, auch ihre sich zuspitzende Tendenz.

Neu an der DIW-Studie ist, dass erstmals nicht nur die üblichen Vermögenswerte wie Immobilien- oder Aktienbesitz berücksichtigt wurden, sondern auch Renten- und Pensionsansprüche. Die wahren Gewinner sind demnach vor allem Beamte und langjährig stabil beschäftigte Arbeiter und Angestellte. Ihr durchschnittliches Vermögen beläuft sich laut DIW auf zwischen 160 000 bis 200 000 Euro bei Arbeitern und Angestellten, auf rund 400 000 Euro bei Beamten. Zwar handelt es sich bei der Anwartschaft auf die Systeme der Alterssicherung um fiktive Vermögenswerte; niemand kann seine Rente oder Pension vorab beleihen oder sich gar vorzeitig auszahlen lassen. Aber man könnte ein sicheres, auskömmliches Gehalt bis zum Tod einem Lottogewinn auf Raten gleichsetzen. Und das Gehalt ist im Vergleich zum Erhalt der Gesamtsumme vermutlich die bekömmlichere Form: Glücklich ist nicht, wer im Lotto gewinnt, sondern wer ein lebenslanges Grundeinkommen bezieht.

Denn wie anders steht der Mensch in der Welt, wenn er weiß, dass er nie wieder Angst haben muss, ökonomisch nicht überleben zu können, weil er bis zu seinem Tod jeden Monat ausreichend Geld zur Verfügung hat, und zwar unabhängig davon, wie viel er noch arbeiten kann – oder eben nicht.

Es hat sich in den letzten Jahren viel verändert. Die Zahl der Selbständigen steigt, nicht immer ganz freiwillig, sondern weil es nicht mehr ausreichend viele Erwerbsarbeitsplätze gibt. Meist reicht das Geld, das diese brauchen, um sich mit nötigen Investitionen eine Existenz aufzubauen, nicht aus, um auch noch in private Rentenversicherungen einzubezahlen, so dass die verbreitete Angst vor Altersarmut zunehmend berechtigt ist.

Sie treibt besonders viele Frauen um, die sich durch lange erwerbslose Zeiten, in denen sie etwa Kinder aufgezogen oder ihre bedürftigen Eltern gepflegt haben, um jeden Anspruch auf wirkliche Altersversorgung gebracht haben. Diesem Umstand wird zwar inzwischen gesetzlich stärker Rechnung getragen – immerhin werden Kindererziehungszeiten heutzutage so bewertet, als hätte der betroffene Elternteil ebenso viel verdient wie der Durchschnitt aller Beschäftigten. Doch als Erziehungszeit werden nur die ersten drei Lebensjahre des Kindes anerkannt, und das auch nur für Kinder, die *nach* 1992 geboren wurden. Die heutige Renten-Generation, deren Kinder allesamt vor 1992 geboren sind, kann sich maximal ein

Jahr Erziehungszeit anrechnen lassen, was Tausenden von Frauen, die ihr Leben überwiegend entsprechend konservativer Familienkonventionen als Hausfrau und Mutter verbracht haben, wie ein Hohn vorkommen muss. Sie bleiben abhängig von Zahlungswillen und -fähigkeit des Ehemanns, der oft schon gar keiner mehr ist. Bei einer Scheidungsquote von fünfzig Prozent gleicht es somit beinahe einem Lottogewinn, wenn eine heute 70-Jährige auf einen finanzstarken Mann an ihrer Seite vertrauen kann.

Was Menschen tun, die finanziell abgesichert sind

Wie die Rentnerinnen und Pensionäre beziehen auch einige andere Personengruppen eine Art von Grundeinkommen – unabhängig von Erwerbstätigkeit: Erben, Mietshausbesitzer oder Börsenspekulanten etwa, die über so viel Vermögen verfügen, dass sie von den Zinsen leben können. Und was tun Menschen, die finanziell abgesichert sind? Sie arbeiten.

Die meisten Menschen reden nicht über ihre Finanzquellen, erst recht nicht wenn diese sprudeln, ohne dass sie auch nur einen Finger rühren müssen. Nur die wenigsten haben sich vom Tellerwäscher zum Millionär hochgearbeitet, meist entstehen große Vermögen auf Basis von bereits vorhandenem Vermögen. Ein Teil der Gelder von Vermögenden fließt, auch um sie dem Fiskus zu entziehen, in Stiftungen und ermöglicht in der Folge den geförderten Menschen ein bedingtes und befristetes Auskommen.

17 372 rechtsfähige Stiftungen gibt es derzeit in Deutschland, weitaus mehr als die Hälfte ist in den letzten zehn Jahren entstanden. Offenbar ist es ein Trend, erarbeitetes oder ererbtes Vermögen sinnstiftend einzusetzen und teilweise der Gesellschaft zurückzugeben.

Einer der Trendsetter ist Jens Mittelsten Scheid aus der Unternehmer-Dynastie Vorwerk. Er gibt einen Teil seines Erbes weiter, unterstützt damit gesellschaftlich relevante Projekte und Bewegungen. Mittelsten Scheid ist Gründer der Stiftungsgemeinschaft anstiftung & ertomis und der Stiftung Interkultur und wurde für all das 2010 mit dem Deutschen Stifterpreis ausgezeichnet. Die Stiftungsaktivitäten ermutigen durch Projektgelder und Anschubsfinanzierungen eine Form der Selbstverwirklichung: »Etwas Eigenes zu machen – ob im handwerklichen, im sozialen oder künstlerischen Bereich – ist genuiner Teil eines ›In-der-Welt-Seins‹ und der Selbstwahrnehmung von Menschen als schöpferisch.« So lautet das Credo von anstiftung & ertomis.

Konkret fördern Mittelsten Scheids Stiftungen beispielsweise das Projekt »Interkulturelle Gärten« – dem Vernehmen nach angestoßen durch in Göttingen aufgenommene bosnische Flüchtlingsfrauen. Was sie von der Heimat am schmerzlichsten vermissten, wurden sie gefragt, und die in der Fremde zur Untätigkeit gezwungenen Frauen antworteten: »Meinen Garten.« Für Menschen, die oft Jahre der Flucht und Migration hinter sich haben, sind Gärten mehr als Orte, an dem Nutzpflanzen gedeihen, wo man sich die Zeit vertreibt oder an denen man seinen Gestaltungswillen auslebt. Die Gärten werden zu einer Metapher für die Möglichkeit, sich in der neuen Heimat – im wahrsten Sinne des Wortes – verwurzeln zu können.

Inzwischen gibt es achtzig solcher Gärten in Deutschland, weitere sechzig befinden sich im Aufbau. Die Stiftung Interkultur berät und koordiniert die Gartenprojekte bundesweit und gibt in Einzelfällen finanzielle Starthilfe.

Neben der Unterstützung der interkulturellen Gärten, die wiederum den Anstoß für neuere städtische Entwicklungen wie Guerillia-Gardening und Urban-Gardening gab, vergibt die Stiftungsgemeinschaft anstiftung & ertomis auch »START-Stipendien«. Das Geld dafür bringt sie gemeinsam mit der Hertie-Stiftung und der Stadt Wuppertal auf. Begabte und engagierte Zuwandererkinder erhalten in Nordrhein-Westfalen ein monatliches Bildungsgeld von hundert Euro sowie eine PC-Ausstattung mit Internetanschluss und regelmäßiger Teilnahme an Bildungsseminaren und Stipendiatentreffen.

Ziel ist es, »die Stipendiaten in ihrer Persönlichkeitsentwicklung [zu] stärken, sie in ihrer schulischen und beruflichen Qualifikation [zu] unterstützen und ihnen Schlüsselqualifikationen für eine aktive Mitwirkung am gesellschaftlichen Leben in Deutschland [zu] vermitteln«. Die notwendige Voraussetzung dafür ist ein kleines verlässliches Grundeinkommen.

Jemand wie Jens Mittelsten Scheid, der optimale Startbedingungen und ein monatliches Grundeinkommen – bedingungslos – geerbt hat, gibt also einen Teil seines Vermögens in Form von Startkapital und monatlichem Grundeinkommen an andere weiter, fast bedingungslos – und im Vertrauen darauf, dass Menschen, denen etwas geschenkt wird, auch etwas weitergeben werden, von ihrer Zeit, ihren Erfahrungen, von ihren Ideen und ja, auch von ihrem Geld.

Genau darauf vertraut auch die Treuhand-Stiftung der GLS-Bank. Sie unterstützt Menschen mit plausiblen, sozialen, ökologischen und kulturellen Vorhaben für maximal drei Jahre mit einem halben Grundeinkommen – wenn wir die tausend Euro für jeden zugrunde legen. Hinter dem Leitgedanken »Stiften und Schenken. Gegenwart gestalten, Zukunft ermöglichen« steht die Auffassung eines ihrer Gründer, Wilhelm Ernst Barkhoff: »Die Angst vor einer Zukunft, die wir fürchten, können wir nur überwinden durch Bilder von einer Zukunft, die wir wollen.«

Die Erben-Generation

Erbschaften sind eine sich in Deutschland stark ausbreitende Art des Grundeinkommens. Jedes Jahr werden Vermögen in Höhe von 150 Milliarden Euro vererbt, an fast eine halbe Million Menschen, die sich fortan eines komfortablen lebenslangen Grundeinkommens sicher sein können.

Zum Beispiel der 42-jährige Architekt Peter L., der als ältester Sohn nicht nur den väterlichen Landwirtschaftsbetrieb erbte, sondern auch weitläufigen Immobilienbesitz im benachbarten Ort. Statt sein Vermögen selbst zu verwalten, hat er diese Arbeit an einen Angestellten delegiert und geht dem nach, wozu er sich berufen fühlt: Architektur. Mangels mutiger Investoren hat er seine ersten Referenzobjekte einfach selbst finanziert und die fertigen Immobilien anschließend gewinnbringend verkauft. Ob der Architekt ohne sein Startkapital jemals die Chance bekommen hätte, sein Talent unter Beweis zu stellen?

Die 24-jährige Natalie K. handelt ebenfalls aus der Sicherheit eines zu erwartenden beträchtlichen Vermögens heraus, das sie als einzige Tochter eines Bankmanagers eines Tages erben wird. Nach dem Abitur reiste sie ein Jahr mit dem Rucksack um die Welt. Sie legt Wert darauf, dass sie sich das Jahr mit Orangenpflücken in Israel oder Deutschunterricht in Argentinien selbst finanziert hat. Auch während ihres laufenden Literaturstudiums jobbt sie, ist sich jedoch darüber im Klaren, dass sie sich ohne die finanzielle Sicherheit im Rücken auf allen Ebenen ihres Lebens viel weniger zugetraut hätte. So kann sie Risiken eingehen und gründet mitten in der Wirtschaftskrise einen Verlag, weil es das ist, was sie wirklich, wirklich will, selbst wenn sie keinen Cent Profit macht und auch nicht machen muss.

Die taz-Reporterin Heike Haarhoff hat für ihren im Dezember 2006 erschienenen Artikel »Glückssache im Konjunktiv« drei weitere Grundeinkommensbezieher porträtiert:

Der erste ist Informatiker, 42, und als zukünftiger Alleinerbe ähnlich abgesichert wie Natalie K. Mit einer von ihm entwickelten Software verdient er aber so viel Geld, dass er auch ohne Erbe bereits nur maximal drei Monate arbeiten muss, um den Rest des Jahres davon leben zu können. Den überwiegenden Teil seiner Zeit nutzt er für sich, seinen Freundeskreis und seine Hobbys – »einen Wert, sagt er, der durch keinen Job aufzuwiegen« sei. Er will anonym bleiben, weil von seinem zukünftigen finanziellen Reichtum lieber niemand erfahren soll.

Der zweite, Dr. Peter M., 52, ist Mediensoziologe und leidet unter einer seltenen Netzhauterkrankung, die ihn nach und nach erblinden lässt. Seit drei Jahren bezieht er deshalb eine »Erwerbsminderungsrente«. Der Dresdener, der nach der Wende seine Arbeit am wissenschaftlichen Institut verlor und sich mit diversen Arbeitsbeschaffungsmaßnahmen durch die 1990er Jahre hangelte, erlebt diese Art Grundeinkommen als Befreiung: »Sie macht es mir leichter, die Dinge zu tun, die ich ohnehin tun würde.« Er engagiert sich bei den Grauen Panthern, der Altenhilfe und hat den Verein Interessengemeinschaft Soziale Innovation für Gesundheit und Selbsthilfe (IG Sigus) gegründet, der sich unter anderem für gemeinschaftliche Wohnformen älterer Menschen einsetzt.

Die dritte, Barbara Wollrath-Kramer, ist Schauspielerin und hat aus der Arbeitslosigkeit heraus 1996 in Bochum mit und für jugendliche(n) Laien das Projekt »*Theater Total*« gegründet. Nach strengen Kriterien wird jedes Jahr aus über hundert Bewerbern eine Truppe zusammengestellt, die unter professionellen Bedingungen ein Theaterstück oder eine Performance erarbeitet und damit in ganz Deutschland, Österreich und der Schweiz tourt. Angeleitet wird sie dabei von Theater-, Tanz- und Choreographie-Profis der Folkwang-Hochschule und des Tanztheaters Pina Bausch. Obgleich das Projekt überregionalen Erfolg hat, können das Theater Total mit einem Jahresbudget von 200 000 Euro und die Intendantin, die sich ein Monatssalär von tausend Euro zubilligt, nur durch private Stiftungen und Spenden überleben, die ihnen in Form von Stipendien eine Art Grundeinkommen ermöglichen.

Solche Beispiele sind natürlich nicht die Regel, aber doch Teil der Realität in Deutschland. Sie zeigen, dass weit mehr Menschen, als wir denken, eine Art Grundeinkommen beziehen. Dazu zählt auch die große Gruppe der (Ehe-)Partnerinnen ohne eigenen Erwerb. Diese Form des Grundeinkommens ist allerdings weder bedingungslos, noch ohne Zwang zur Arbeit und auch ohne verlässlich festgesetzte Höhe.

4. KAPITEL:

Bedenken und Einwände – geprüft und verworfen

Die Bibel hat doch recht: Auch wer nicht arbeitet, darf essen!

Ein Irrtum sei gleich vorweg ausgeräumt, dem die meisten unterliegen, die glauben, sich auf die Bibel zu berufen, wenn sie zitieren: »Wer nicht arbeitet, soll auch nicht essen«, denn »A text without a context ist just a pretext«, was auf Deutsch nur halb so schön klingt: »Ein Zitat ohne seinen Kontext ist bloß eine Ausrede.« Der Satz »Wer nicht arbeitet, soll auch nicht essen« stammt aus dem Neuen Testament, 2. Thessalonicherbrief, 3. Kapitel. Der Verfasser des Briefes, der Apostel Paulus, hatte erfahren, dass einige Mitglieder der jungen Christengemeinde jeglicher weltlichen Betätigung entsagten – aus Begeisterung für die neue Religion und in Erwartung eines baldigen Weltendes. Ihnen erschien alles Irdische nur noch vorläufig und unwichtig. Paulus wandte sich an die Entrückten, indem er ihre eigene Argumentation logisch fortsetzte und damit gleichzeitig ins Absurde wendete: Wer nichts mehr tun müsse, weil er ja eh ins Himmelreich kommt, der könne ja auch aufhören zu essen!

Davon ausgehend, dass auch die in Heilserwartung erstarrten Anhänger der neuen Religion gern weiterleben wollten, forderte er sie auf, sich auch weiterhin um weltliche Dinge zu kümmern. Christen hätten durchaus die Aufgabe, sich in der hiesigen Welt zu engagieren, Verantwortung zu übernehmen und nicht allein auf ein glückseliges Jenseits zu warten.

Wer nicht arbeitet, soll nicht essen – das war also keineswegs als Strafe gemeint, sondern mahnende Ironie. »Lasst Euch nicht verdrießen Gutes zu tun!«, fordert Paulus im selben Brief auf, der mit dem Appell endet: »Wenn aber jemand nicht gehorsam ist, dann weist ihn zurecht als einen Bruder.«

Brüderliche Motive kann man dem ehemaligen SPD-Arbeitsminister Franz Müntefering gewiss nicht unterstellen, als er den Paulus-Satz im Mai 2006 in sein Gegenteil verkehrte: »Nur wer arbeitet, soll auch essen«, um so die Hartz-IV-Strategie der Regierung zu rechtfertigen.

Wer macht den Dreck weg?

Neben der notorischen Vermutung einiger, dass niemand mehr arbeiten würde, wenn er nicht müsste, taucht in Veranstaltungen regelmäßig eine Frage auf: Und wer soll dann eigentlich unseren Dreck wegmachen? Wer führt dann die ganzen ungeliebten Arbeiten aus?

Dabei zielt diese beunruhigte Frage selten auf die katastrophal bezahlte Arbeit von Frauen in den anstrengenden Pflegeberufen oder in Großküchen und Wäschereien: Die Frage gilt primär dem Müllmann. Jener stolzen Berufsgruppe also, die angemessen bezahlt wird, selbstbewusst ist und gelegentlich mit Streiks auf ihre Notwendigkeit aufmerksam macht. Diesen Vorwand gegen das Grundeinkommen kann man also schnell entkräften.

Für die Aufgaben der miserabel bezahlten Pflegearbeiten von Frauen wie für die schon heute besser bezahlten Müllmannaufgaben gilt, was Götz Werner auf den Nenner bringt: Es gibt drei Möglichkeiten, mit ungeliebten Arbeiten umzugehen: sie besser bezahlen, sie selber machen, sie automatisieren. Letzteres ist bei der Müllabfuhr im ländlichen Raum schon weitgehend der Fall, da sitzt oftmals nur noch ein Fahrer auf dem Wagen, warm und trocken, der Rest wird von einem Greifarm erledigt.

Wenn dieser Einwand aus dem Weg geräumt ist, werden wir auf unseren Veranstaltungen häufig mit dem zweitliebsten Argument der Skeptiker des Grundeinkommens konfrontiert.

Besonders vehement hat dieses beispielsweise Fernsehmoderator Michel Friedman in einem Interview mit der Linken-Politikerin Katja Kipping vorgetragen: »Es gibt viele, viele Hunderttausende Jobs, wo die Leute arbeiten, weil sie müssen, nicht unbedingt, weil sie wollen. Ich rede nicht von Ihnen oder mir. Wenn die das in Zukunft nicht mehr müssen, wer soll dann die Schmutzarbeit in Deutschland machen? Nehmen Sie mal meine Sekretärin: 2500 netto, dafür malocht die bei mir einen ganzen Monat. Warum soll die noch zu mir ins Büro kommen? Was machen Sie, wenn die Leute sagen: ›Solche Jobs mache ich nicht mehr‹?«

Wenn seine Sekretärin »die Schmutzarbeit« nur wegen der 2500 Euro aushält, die okay, aber so üppig nicht sind, dann wird sie das vermutlich nicht mehr allzu lange tun, sobald es ein Grundeinkommen gibt. Schließlich hätte sie die Freiheit, sich einen anderen Job zu suchen, der vielleicht mehr Spaß macht und ihr denselben Lebensstandard sichert, selbst wenn er schlechter bezahlt ist. Mit tausend Euro Grundeinkommen käme sie auch mit einem Arbeitslohn von 1500 Euro auf das jetzige Einkommensniveau. Entweder legt Herr Friedman sich also einen anderen Führungsstil zu und der Job fiele nicht in die Kategorie »Schmutzarbeit«, oder aber er findet jemanden, der das ihm zusätzlich zum Grundeinkommen gezahlte Salär attraktiv genug findet, um dafür einen ganzen Monat bei ihm zu »malochen«. Das werden vielleicht nicht mehr allzu viele sein.

Bei einer Lesung in einer Grundschule wurde Götz Werner einmal von einem Kind gefragt: »Sag mal, seit wann arbeitest du denn eigentlich?« Auf die Gegenfrage, was denn Arbeit überhaupt sei, waren sich die Kinder schnell einig: »Arbeit ist, was gut bezahlt wird.« Götz Werner hakte nach: »Und wie ist das, wenn Mama oder Papa was für euch tun? Oder wenn euch die Oma bei den Hausaufgaben hilft? Ist das keine Arbeit?« Da gerieten die Kinder ins Grübeln. Ein Mädchen erklärte: »Mama macht das alles für uns, obwohl sie das nicht gerne macht.« Und ein Junge ergänzte rasch: »Ja, ja, aber die Mama macht das, weil sie uns liebt!«

In den Antworten und Ansichten der Kinder spiegeln sich unsere gesellschaftlichen Werte, nach denen wir bestimmte Arbeiten weder bezahlen noch überhaupt als Arbeit anerkennen: »Sag mal, arbeitest du noch, oder bist du jetzt nur noch zu Hause bei den Kindern?«, ist eine der abwertenden Fragen, die aufzeigt, wie der, der da spricht, über den Wert von Kinderbetreuung und Erziehung denkt: Windeln wechseln, Brei kochen, bei den Hausaufgaben helfen – das ist keine Arbeit, das ist Liebe! Frauen und Männer, die in Elternzeit gehen: reine Liebhaberei!? Wäsche waschen, bügeln, nähen: leichte

Das würde auch für die vielen freiberuflichen Existenzen gelten, die sich heute in den seltensten Fällen die Entscheidungsfreiheit leisten können, einen Auftrag, die Teilnahme an einem Wettbewerb, an einer Ausschreibung abzulehnen, weil sie vielleicht inhaltlich nicht hinter der Aufgabe stehen oder ein Produkt überflüssig oder sogar schädlich finden. Die Freiheit, zu einem zu schlecht bezahlten Auftrag nein zu sagen, gibt es in diesem Feld nicht. Die Freiheit, sich lieber nicht mit einem Projekt bei einer Stiftung zu bewerben, auch nicht; frei, prekär und kreativ lebende Menschen betonen in Diskussionen deshalb immer wieder, dass ein Grundeinkommen die Maßstäbe ihrer Arbeit hinsichtlich Zeit und Qualität völlig verändern würde: Theaterstücke könnten länger geprobt, die Architekturzeichnung nicht durch Computer, sondern von Hand gemacht, Texte sorgfältiger recherchiert und durchdacht oder Artikel und Bücher auch einmal gar nicht geschrieben werden, wenn man die Freiheit hätte, nein zu sagen.

Wer Hunger hat, zahlt für Brot jeden Preis. Wer Existenzangst hat und deshalb keine Wahl, nimmt jeden Job. Das bedingungslose Grundeinkommen würde genau das ändern, und das wäre ein großer Schritt für die gesamte Gesellschaft. Und auch für die Ökonomie, denn erst dann entstünde ein wahrhaft dynamischer Arbeitsmarkt, auf dem Kunden nicht nur eine echte Wahl zwischen verschiedenen Arbeitsangeboten hätten, ohne erpressbar zu sein. Denn wenn ich eines der Angebote in jedem Falle annehmen muss, habe ich auch nicht die freie Wahl, und von einem freien Arbeitsmarkt kann auch keine Rede sein.

Deshalb wächst auch der Niedriglohnsektor. Laut einer Studie des Instituts Arbeit und Qualifikation (IAQ) arbeitet bereits jeder fünfte Beschäftigte für weniger als 9,62 Euro in West- bzw. für weniger als 7,18 Euro in Ostdeutschland. Siebzig Prozent der Niedriglohnbeschäftigten haben eine abgeschlossene Berufsausbildung, weitere neun Prozent sogar einen akademischen Abschluss; nur jeder Fünfte verfügt über keinen qualifizierten Abschluss.

Die IAQ-Zahlen belegen die hohe Arbeitsbereitschaft vieler, selbst wenn sie dafür nicht in adäquater Weise entlohnt werden. Die wachsende Armut in Deutschland resultiert also keineswegs aus fehlender Bereitschaft der Menschen zu lernen oder zu arbeiten. Das Perfide am politischen Umgang mit Erwerbslosigkeit ist, dass die Politik den Menschen unterstellt, sie seien vorsätzlich faul. So suggeriert sie immer noch, dass sich die hohe Arbeitslosigkeit über strengere Sanktionen bekämpfen ließe.

Vertrauen – Fundament einer freien Gesellschaft

Vertrauen ist das Fundament einer funktionierenden, freien Gesellschaft. Denn auf was sonst könnten wir ein Gemeinwesen aufbauen?

Schon in der kleinstmöglichen Gesellschaftsform, der Paarbeziehung, ist Vertrauen die Grundbedingung für das Miteinander. In jeder Partnerschaft gibt es Vereinbarungen, an die sich beide Parteien halten – mal offen ausgesprochen, mal unterschwellig eingefordert. Vertrauen zählt. Ob das nun Vertrauen auf Treue und Ehrlichkeit oder den offenen Zugang zu den Kreditkarten des jeweils anderen meint, ist dabei völlig egal. Wir vertrauen auch der unbekannten Passantin, die wir nach dem Weg fragen, dass sie uns nicht in die Irre schickt, und zählen an der Kasse nicht das Wechselgeld nach.

Unser gesamtes Handelssystem beruht auf Vertrauen, selbst (oder gerade) in Zeiten der Globalisierung. Deswegen empört es uns ja umso mehr, wenn wir erfahren, dass wir belogen werden, etwa wenn bei Lebensmitteln Etikettenschwindel betrieben wird oder Waren »Made in Germany« in Wahrheit in Taiwan produziert wurden.

Wir machen andauernd positive Erfahrungen, auch wenn wir uns ihrer nur selten bewusst sind. Nur weil die meisten Dinge auf Vertrauensbasis funktionieren, können wir das Leben so führen, wie wir es tun: Wir vertrauen darauf, dass der Bus kommt, der uns zur Arbeit bringt. Wir vertrauen darauf, dass die Kollegin, mit der man gemeinsam einen Auftrag erledigen soll, auch zur Arbeit erscheint. Wir vertrauen darauf, dass die Chefin dafür sorgt, dass Aufträge gut kalkuliert sind und dass die Firma genug Geld verdient. Wir vertrauen darauf, dass wir am Ende des Monats unser Gehalt bekommen. Wir vertrauen darauf, dass die Steuern, die Arbeitslosenversicherung und die Kassenbeiträge ordentlich abgerechnet worden sind.

Trotzdem – und obwohl unsere Gesellschaft von Vertrauensbeweisen geradezu durchtränkt ist – folgt auf die Nennung des Begriffs »Vertrauen« der Pawlow'sche Reflex: »Vertrauen ist gut, Kontrolle ist besser.« Statt aufs Vertrauen, das sich in 999 von 1000 Fällen auszahlt, richten die meisten Menschen ihr Augenmerk auf Enttäuschungen. Das ist schade, aber auch nicht ganz falsch, schließlich sind Vertrauen und Misstrauen die zwei Seiten derselben Medaille.

Der Soziologe Niklas Luhmann, der 1997 eine umfassende Theorie der Gesellschaft veröffentlichte, beschreibt Vertrauen als einen »Mechanismus zur Reduktion sozialer Komplexität«: Eben weil wir nicht in der Lage sind oder sein wollen, alles zu kontrollieren, zu prüfen, nachzurechnen, beginnen wir früher oder später zwangsläufig zu vertrauen: Wir wiegen eben in der Regel nicht nach, ob eine 100-Gramm-Tafel Schokolade wirklich hundert Gramm schwer ist. Wir machen keine Laboranalyse, ob die fettreduzierte Milch wirklich 1,5 Prozent Fett enthält. Wir zählen auch nicht einzeln die Schrauben im Hunderter-Sparpack nach. Wir vertrauen. Wenn nicht auf den Hersteller selbst, dann auf die staatlichen Prüfinstanzen, die Stiftung Warentest oder die Erfahrung unseres Nachbarn, oder die eigene Wahrnehmung.

Das bedingungslose Grundeinkommen ist eine gesellschaftlich organisierte Form von wechselseitigem Vertrauensvorschuss. Was – wenn nicht fehlendes Vertrauen – hindert uns denn daran, jedem Bürger und jeder Bürgerin jeden Monat tausend Euro in die Hand zu drücken?! Dieses fehlende Vertrauen oder besser gesagt: falsche Misstrauen in unsere Mitmenschen ist es, das uns dabei im Weg steht. Vertrauen ist aber im Regelfall nicht nur richtig, sondern auch die beste Strategie zum ökonomischen Erfolg. So jedenfalls sehen das die Wissenschaften, und so beweist es auch die betriebswirtschaftliche Praxis.

5. KAPITEL

Industrielle Arbeit – Humanisierungsversuche

Furchtbar effizient: Fließbandarbeit

Eine der berühmtesten Szenen der Filmgeschichte stammt aus Charlie Chaplins Film »Moderne Zeiten – Modern Times«: Der Höhepunkt des Films ist, als Charlie, der als Arbeiter in einer Fabrik am Fließband steht, die stumpfsinnige monotone Arbeit, bei der er stets dieselbe schraubende Handbewegung machen muss, zu Kopfe steigt und er völlig durchgedreht durch die Straßen der Stadt rennt und dabei an Mantelknöpfen wie Damenbusen herumschraubt.

Ein junger Reporter, so schreibt Chaplin später in seinen Erinnerungen, habe ihm vom Fließbandsystem in den Detroiter Fabriken erzählt. Die Geschichten von den gesunden jungen Männern, die zuvor noch tatkräftig in der Landwirtschaft gearbeitet hatten, aber nach vier oder fünf Jahren in der Großindustrie geistig und körperlich zusammenbrachen, hätten ihn erschüttert und auf die Idee für »Modern Times« gebracht.

Der in den 1930er Jahren entstandene Film wurde zur weltberühmten Satire auf die moderne Arbeitswelt, die sich seit der frühen Industrialisierung Ende des 18. Jahrhunderts innerhalb weniger Jahrzehnte in allen westlichen Industrienationen entwickelt hatte. »Taylorismus« nannte sich das Prinzip radikaler Arbeitsteilung, bei dem der einzelne Arbeiter nur noch engdefinierte Handgriffe zu erledigen hatte, um die Produktivität zur Höchsteffizienz zu treiben – also maximaler Output in minimaler Zeit.

Namensgeber dieses Prinzips ist der amerikanische Ingenieur Frederick Winslow Taylor, der als Pionier der Rationalisierung in die Geschichte einging. Mit der Stoppuhr in der Hand wurden einzelne Arbeitsschritte so lange ausgewertet und analysiert, bis man den effizientesten Herstellungsprozess ermittelt hatte. Dann wurde die gesamte Produktion auf dieses ideale Verfahren eingestellt. Auf diese Weise ließen sich – im Zusammenspiel mit modernen Dampfmaschinen – sehr viel größere Stückzahlen von Produkten herstellen, was die Herstellungskosten enorm senkte. Dadurch verringerte sich der mögliche Verkaufspreis für Industrieware, und zugleich vergrößerte sich der Gewinn für die Unternehmen. Die amerikanische Ford Motor Company ist wohl das berühmteste Beispiel dafür, wie diese neue Produktionsmethode zum wirtschaftlichen Erfolg führte.

Das Produktionsprinzip der Automobilbranche machte Schule; bald arbeiteten alle Industriebetriebe mit einer Fließbandfertigung. Allerdings führte die Effizienz in der Produktion zu einer enormen Mehrbelastung der Arbeiter, die durch monotone Arbeit körperlich und psychisch stärker erschöpft wurden. Die Produktivitätssteigerung führte außerdem nicht zu einer Steigerung der Löhne, was die Arbeitsunzufriedenheit verstärkte. Bis in die 1960er Jahre ließen sich die Menschen die beschwerlichen Arbeitsbedingungen in den Fabriken weitestgehend gefallen. Offenbar erlebten sie den Zuwachs an Wohlstand, der sich durch die günstigen Industriewaren ergab, als ausreichenden Gegenwert. Doch die anfängliche Begeisterung für die revolutionären Fertigungsmethoden ebbte schnell ab; in der Kunst und Literatur häuften sich kritische Darstellungen. Filme wie Chaplins »Modern Times« oder Fritz Langs »Metropolis« (1927), die die unmenschlichen Arbeitsbedingungen in den automatisierten Betrieben schon Jahrzehnte zuvor thematisiert hatten, wurden verstärkt rezipiert. Auch Huxleys »Brave New World« (1932) fand nun erst weltweite Aufmerksamkeit – verbunden mit dem Erscheinen eines Essaybands mit dem Titel »Brave New World Revisited« (1958), in dem Huxley seine Anklage der Industriegesellschaft noch zuspitzte. In »Brave New World« zeichnete er eine bizarre Vision, in der die Menschen selbst in Massenproduktion gefertigt werden und speziell für ihre Rolle im großen Maschinensystem konstruiert sind. In der neuen Welt existiert ein ausgeklügeltes Kastensystem aus Alpha- bis Epsilon-Menschen, in dem nur die Alphas und Betas individuelle Personen und alle Übrigen geklonte Produktionssklaven sind. Nach der »Geburt« werden alle Menschen entsprechend ihrer Produktionskaste konditioniert; Bildung im humanistischen Sinne ist verboten; es gibt allein eine auf die Nützlichkeit der automatisierten Gesellschaft ausgerichtete Wissensvermittlung. In Zeiten fundamentaler Gesellschaftskritik wurde der Roman zum Spiegel populärer Ängste: Wie lange würde es noch dauern, bis die arbeitende Bevölkerung völlig zur automatisierten Maschine degradiert würde?

Erste Ansätze der Humanisierung
von oben

In diesen bewegten Jahren entstanden erste vorsichtige Versuche zur Humanisierung der Arbeitswelt. Die Unternehmer mussten stärkeren Unmut in der Belegschaft verhindern. Maßnahmen machten Schlagzeilen, die uns heute mehr als selbstverständlich erscheinen: Die Daimler-Benz AG eröffnete im Sommer 1962 auf der Schwäbischen Alb ein Ausbildungszentrum für ihre Betriebsangehörigen, dort sollte »die offene menschliche Begegnung« stattfinden und ein echter »Bildungsauftrag« – im Sinne »einer Hilfe zur Teilnahme am ganzen Leben«. Die Medien begrüßten das Experiment zurückhaltend und wünschten wie die meinungsführende Wochenzeitung *Die Zeit* »den besten Erfolg«.

Es dauerte noch weitere zehn Jahre, bis sich diese Experimente aus den Schulungszentren der Wirtschaft auf die Produktion selbst auswirkten. Erst als sich Anfang der 1970er Jahre die Meldungen häuften, dass der Unmut der Betriebsbelegschaften sich immer öfter in wilden Streiks oder Sabotageakten Luft machte, begann erzwungenermaßen ein Umdenkungsprozess. Allmählich setzte sich die Erkenntnis durch, dass die Fabrikarbeiter vor allem gegen die quälende Langeweile der Fließbandproduktion rebellierten. Ein anderes Problem war die hohe Ausschussquote. Bis zu einem Drittel der Produkte konnten aufgrund der Mängel nicht verkauft werden.

Unter dem Druck japanischer Konkurrenz waren die amerikanischen Konzerne gezwungen, über Verbesserungsmöglichkeiten in der Produktion nachzudenken. Nun stand das eherne Prinzip des Taylorismus auf dem Prüfstand: die radikale Trennung von denkender und ausführender Arbeit – angeblich hatte Taylor mal zu einem kritisch nachfragenden Arbeiter gesagt: »Sie sollen nicht denken; für Denken werden andere bezahlt.« 1973 wagte man in dem Röhrenwerk von Kaiser Steel im kalifornischen Fontana das Experiment, die Belegschaft selbst an der Konzeption der Produktionsabläufe zu beteiligen: Deren Tätigkeit war zuvor meist auf einen Handgriff reduziert. Nun änderten die Arbeiter die Anordnung der Maschinen, so dass sich ein flüssiger Arbeitsablauf ergab, korrigierten den Produktionsplan, sorgten selbst für die Instandhaltung wichtiger Maschinen und verbesserten auch die Lohnsituation.

Unterm Strich brachten die Maßnahmen ein eindrucksvolles Ergebnis: Der Ausschussanteil an der Gesamtproduktion sank von 29 auf neun Prozent. Die Produktivität dagegen stieg um mehr als 32 Prozent.

Arbeit – ein Erfolgserlebnis weit über die Bezahlung hinaus

Aus Sicht der Unternehmer war eine Veränderung der Arbeitsstrukturen unumgänglich. Der wachsende Widerstand gegen die Monotonie der täglichen Arbeit äußerte sich neben Streiks und Sabotageakten auch in hohen Kündigungsraten, Krankentagen, unentschuldigtem Fernbleiben (in der Automobilindustrie hatten sich die Fehlzeiten im vorausgegangenen Jahrzehnt verdoppelt) und höheren Fehlerquoten. Auf einmal wurden Unternehmer zu Verfechtern einer »Humanisierung der Arbeitswelt« – mit dem eigentlichen Anliegen, die Produktivität zu steigern. Sie erkannten: Wer sich wohl fühlt, leistet mehr.

Man begann, sich mit den Theorien des amerikanischen Verhaltensforschers Abraham Maslow zu beschäftigen, der bereits in den 1950er Jahren versucht hatte, die Bedürfnisse des Menschen in einer Skala zu erfassen: der »Bedürfnispyramide«. Ihr zufolge bauen die menschlichen Bedürfnisse stufenweise aufeinander auf: Zuerst geht es um *körperliche Bedürfnisse* (Essen, Kleidung, Wohnung oder Gesundheit), dann braucht man *Sicherheit* (des Einkommens, des Arbeitsplatzes, im Alter oder bei Krankheit), als Drittes sucht man *soziale Kontakte* (mit KollegInnen oder durch Mitsprache), als Viertes folgt das Bedürfnis nach *Anerkennung* (durch KollegInnen oder Vorgesetzte in der Öffentlichkeit), und erst wenn alle diese Bedürfnisse befriedigt sind, wird die *Selbstverwirklichung* wichtig (durch interessante Arbeit, wachsende Kenntnisse oder Verantwortung).

Die Konsequenz aus Maslows Skala: Da der wachsende Wohlstand zu einer Befriedigung der ersten beiden Grundbedürfnisse (körperliche Versorgung und Sicherheit) geführt hatte, ging es bei der Arbeit nunmehr vorrangig um soziale Kontakte, Anerkennung oder gar Selbstverwirklichung. Das stand in krassem Gegensatz zu den Arbeitsbedingungen am Fließband, die nach Taylor nicht nur das Denken, sondern auch jede Art von Kollegialität ausschließen sollten.

Heute, vierzig Jahre später, kann man sich nur schwerlich vorstellen, welch komplexe Diskussionen die Frage nach der Ausgestaltung der Arbeitswelt nach sich zog. Wochenlang debattierten Fachleute unterschiedlichster Couleur in den

Wirtschaftsteilen und Feuilletons renommierter Medien. 1973 reisten Vertreter von über 200 Unternehmen aus den ganzen USA zu einer Konferenz nach Chicago; das amerikanische Ministerium für Erziehung und Gesundheit (HEW) gab eine Studie in Auftrag, die ergab, dass nur 43 Prozent aller Angestellten, nur 24 Prozent der Arbeiter und sogar nur 16 Prozent der ungelernten Arbeiter ihren Beruf noch einmal wählen würden. Schuld an dieser weitverbreiteten Arbeitsunlust sei, so die Verfasser der HEW-Studie, der »Taylorismus«. Vor allem jüngere Arbeiter, mit besserer Schulausbildung als ihre älteren Kollegen, waren von der Fließbandarbeit unterfordert und gelangweilt, erlebten sie als entwürdigenden Drill. Sie fühlen sich laut HEW-Studie in ihrem »Selbstwertgefühl missachtet«.

Die HEW-Studie bestätigte Maslow: Mehr als 1500 Beschäftigte aus verschiedenen Industriezweigen sollten 25 Kriterien zur Beurteilung ihres Arbeitsplatzes nach Wichtigkeit sortieren. Das Ergebnis der Befragung: An der Spitze der Rangliste stand »interessante Arbeit«; auf den Plätzen folgten »genügend Unterstützung«, mehr »Information« und »Selbständigkeit bei der Arbeit«. »Gute Bezahlung« rangierte erst an fünfter, »Schutz vor Entlassung« an siebter Stelle.

Das Umfrageergebnis zeigte, dass der überwiegende Teil der ArbeitnehmerInnen ein ausgeprägtes Bedürfnis nach einer Tätigkeit hatte, die über die Bezahlung hinaus ein Erfolgserlebnis bietet – das Gefühl, in eigener Verantwortung »etwas zu produzieren, das auch für andere von Wert ist« und das zugleich zu höherem Ansehen innerhalb der Gesellschaft verhilft.

Freiraum, um schöpferisch tätig zu werden

Diesen Satz kennen wir aus der Pädagogik und der Psychologie, ja aus der ganzen menschlichen und individuellen Entwicklungsgeschichte. Spät erst und nur vereinzelt ist er auch zur Krisenbewältigung und Produktivitätssteigerung in die Unternehmen eingezogen.

Der schwedische Autokonzern Volvo ging, öffentlich vielbeachtet, genau diesen Weg. 1974 verkündete die Konzernleitung, dass man die Fließbandfertigung zugunsten eines völlig neuartigen Systems aufgebe – der Gruppenarbeit –, und ließ sich die Idee in vierzig Ländern schützen, um sich dadurch einen erhofften Wettbewerbsvorteil gegenüber der Konkurrenz zu bewahren. Eine Maßnahme des Konzerns, zu der er fast gezwungen war, denn aus einer jährlichen Fluktuation der Mitarbeiter von 43 Prozent und einer Abwesenheitsquote von 17 Prozent waren ihm hohe Kosten erwachsen. Dazu musste er permanent mit einem Personalüberhang von einem Siebtel der Belegschaft arbeiten, um die Produktion sicherzustellen. Hinzu kamen Streiks, hoher Ausschuss und Verluste durch Sabotage.

Die neuen Maßnahmen waren denkbar simpel. Anstatt auf linear angeordneten monotonen Fließbänder wurden die Arbeitsprozesse in sinnvolle Werkstatteinheiten aufgeteilt. Jeweils fünfzehn bis zwanzig Arbeiter bildeten eine Werkstatteinheit, die eigenverantwortlich zusammengehörige Arbeitseinheiten erledigte. Dabei mussten und konnten sie selbst entscheiden, wie die Arbeit idealerweise organisiert wird.

Innerhalb der Gruppe wurden die Arbeitsplätze gewechselt. Ideen wie »Job Rotation«, »Job Enlargement« und »Job

Enrichment« hielten Einzug in die Arbeitswelt, zu Deutsch: Die Belegschaft entschied selbst, wer was macht, und konnte sich bei bestimmten Aufgaben abwechseln; man konnte stupide Aufgabenbereiche mit anspruchsvolleren zusammenlegen und dadurch die Arbeit interessanter gestalten; und die Arbeiter wie Arbeiterinnen übernahmen dabei die Verantwortung für ihre Ergebnisse. Kurz: Die Gruppe bestimmt bis zum gewissen Maß alleine, wann, wie und in welcher Reihenfolge sie Aufträge bearbeitet. Produktivität und Arbeitszufriedenheiten wuchsen, und Volvo galt lange als Vorbild.

Ende der 1980er Jahre geriet die europäische Automobilindustrie erneut in die Krise. Japanische Konzerne boten technisch höherwertige Fahrzeuge zu niedrigeren Preisen an. Zwei amerikanische Wissenschaftler, Daniel T. Jones und James Womack vom Massachusetts Institute of Technology MIT, kamen dem Geheimnis des »Toyota-Produktionssystems« auf die Spur, das diese nicht lange hüten konnten, weil es bald darauf als »Lean Management« Einzug in die gängige Betriebswirtschaft hielt: Dabei werden vor allem die Eigenverantwortung und die Mitspracherechte der MitarbeiterInnen enorm gestärkt, dagegen die Hierarchien verflacht und die Kommunikation verbessert.

Das wirklich Neue allerdings war, dass in den Toyota-Werken jeder einzelne Mitarbeiter jederzeit die Möglichkeit hatte, nach der Entdeckung eines Fehlers den gesamten Betriebsablauf zu stoppen, und dafür sogar noch belohnt wurde. Was in der Fließbandfertigung unvorstellbar war, ist im Lean Management Teil des Erfolges. Dahinter steckt die Erfahrung, dass die Belegschaft selbst am besten einen Fehler erkennt. Während in autoritären Systemen jeder aus Angst vor Sanktionen versucht ist, einen Fehler zu vertuschen, wird im Lean

Management das Mitdenken der MitarbeiterInnen belohnt. Die Idee: Fehler sind nicht Fehler des Einzelnen, sondern Fehler im System. Diese Art von »Fehlerkultur« führt zu einem ständigen Verbesserungsprozess, in dem die gesamte Belegschaft ständig die Produktionsabläufe optimiert. Heute wird das »Lean Management« oder »Kaizen« (jap. »Veränderung zum Besseren«) in fast allen Betrieben praktiziert.

Wirtschaftsdemokratie – vertrauens- basierte Firmenkultur

Im frühen 21. Jahrhundert geht es nicht mehr um die Auslotung optimaler Fließbandgeschwindigkeit, sondern um die Erprobung ganz anderer Führungsmodelle. Ricardo Semler, Geschäftsführer und Mehrheitseigner des brasilianischen Maschinenbau-Unternehmens Semco, ist wohl einer der bekanntesten Unternehmer, die ihren Erfolg dem Prinzip Vertrauen verdanken. Was bei Semco passiert, widerspricht allem, an was Manager glauben. Die 3000 Mitarbeiter wählen ihre Vorgesetzten, bestimmen ihre eigenen Arbeitszeiten und Gehälter. Es gibt keine Geschäftspläne, keine Personalabteilung, fast keine Hierarchie. Alle Gewinne werden per Abstimmung aufgeteilt, die Gehälter und sämtliche Geschäftsbücher sind für alle einsehbar, die E-Mails dafür strikt privat, und wie viel Geld die Mitarbeiter für Geschäftsreisen oder ihre Computer ausgeben, ist ihnen selbst überlassen.

Was für heutige Personalchefs wie ein anarchischer Alptraum klingen mag, ist in Wirklichkeit eine Erfolgsgeschichte.

Und nicht nur die Vervielfachung des Umsatzes gibt Semler recht, sondern vor allem die Mitarbeiter: Die Fluktuationsrate bei Semco liegt unter einem Prozent.

Das Rezept ist einfach: Behandle deine Mitarbeiter wie Erwachsene, dann verhalten sie sich auch so. Je mehr Freiheiten du ihnen gibst, desto produktiver, zufriedener und innovativer werden sie. Ein Unternehmen besteht aus erwachsenen gleichberechtigten Menschen, nicht aus Arbeitskräften. Jeder hat das Recht, sich frei zu entfalten und eine gesunde Balance zwischen Beruf und Privatleben zu finden. Entgegen allem, was man aktuell zu glauben scheint, machen Druck und Stress Menschen nicht produktiv, sondern ganz einfach nur kaputt. Und dabei verliert das Unternehmen letztlich genauso wie der Mensch.

Es geht Semler um ein neues Verständnis von Arbeit: Eine Firma ist ein Gemeinschaftsprojekt, im besten Fall eine geteilte Leidenschaft. Die Gesellschaft hat uns das allerdings anders beigebracht, wir sollen uns als Steinmetze, Schneiderinnen und Hilfsarbeiter sehen, nicht als Kathedralen-Schöpfer. Bei Semco sind die Mitarbeiter essentieller Teil eines Ganzen, sie sind Mit-Schöpfer, nicht bloß ein Rädchen im System. Sie haben Ideen, sie verstehen ihre Arbeit, sie wissen, was sie wert ist.

»Wirtschaftsdemokratie« nennt dieses Prinzip der Miteigentümer des Multimedia-Unternehmens cpp in Offenbach, Gernot Pflüger, in dessen Unternehmen es statt Kontrolle und Bevormundung eine vertrauensbasierte Firmenkultur gibt. In seinem Buch »Erfolg ohne Chef. Wie Arbeit aussieht, die sich Mitarbeiter wünschen« beschreibt er Details dieser neuartigen Arbeitsweise. Alle MitarbeiterInnen sind gleichberechtigt, es herrscht auch und vor allem in Finanzfragen völlig Transparenz – wer will, kann zu jedem Zeitpunkt Einblick in die Kassenlage erhalten. Alle Bewegungen sind nachvollziehbar, seien es Einkäufe, Honorare für Freelancer, die Miete oder die Personalkosten. Alle beziehen denselben Lohn, alle haben völlige Freiheit bei der Arbeitszeit- und Arbeitsplatzgestaltung. Marktwirtschaft und Demokratie, Idealismus und Gewinnorientierung stehen laut Gernot Pflüger keineswegs im Widerspruch.

Grundeinkommen als Wegweiser in die postindustrielle Zukunft

Die beschriebenen Versuche, industrialisierte Arbeitsformen zu humanisieren, sind von wenigen Ausnahmen abgesehen – ja, dm ist so eine Ausnahme – nicht nachhaltig gelungen.

Auch in unserer zunehmend postindustriellen Gesellschaft sind wir nach wie vor mit industrialisierten Lebensformen und -umständen konfrontiert. Wir leben im Schatten dieser Strukturen, die Arbeitswelt, öffentliche Verwaltung und sogar Schule und Hochschule prägen: Standardisierung bis hin zu der Vereinheitlichung der Bedürfnisse als die immer gleiche Antwort auf Fragen nach Produktionsweisen, Gestalt der Produkte, Organisation menschlicher Tätigkeiten und Fähigkeiten.

Noch hallen die Versprechungen der Industriegesellschaft so nach, ist die Angst vor Verlust dieser Art von Arbeit so groß, dass das Verschwinden ihrer materiellen Basis *noch nicht* in das Bewusstsein einer Mehrheit rücken konnte. Wenn wir jedoch einmal verinnerlicht haben, dass in der Wirklichkeit eines globalisierten Turbokapitalismus Vollbeschäftigung nicht mehr möglich ist und deshalb das spezifisch deutsche Sozialstaatsmodell *nicht mehr* trägt, ist eine Frage dringlich: Was muss sich grundsätzlich ändern, um die unterschiedlichen, widersprüchlichen und gleichzeitig stattfindenden gesellschaftlichen Entwicklungen zu begreifen? Andere Verhältnisse können nur aus der Verflüssigung der bestehenden entstehen: Verflüssigung meint, »gesellschaftlich Verklumptes« (Hans-Peter Dürr), einen Stau, zu lösen, um der neuen Vielfalt der Lebens- und Arbeitsweisen gerecht zu werden. Den früheren verfestigten Verhältnissen, die Schutz boten und Ordnung versprachen, stehen zwanglosere, riskantere, aber auch freiere Verhältnisse gegenüber.

Das bedingungslose Grundeinkommen reflektiert diesen Prozess, es ermöglicht einen veränderten Umgang mit dem Verlust von Arbeit, kann darauf gelassener reagieren. Unter denjenigen, die uns darüber Auskunft gaben, was sich denn in ihrem Leben durch Grundeinkommen ändern würde, wollten die abhängig Beschäftigten mehrheitlich entweder das, was sie jetzt tun, für eine ganz andere – freiere – Arbeit aufgeben, oder aber nur die Hälfte, höchstens zwei Drittel der Zeit in der alten Tätigkeit arbeiten. Und fast alle hielten das für eine gute Möglichkeit, die weniger werdende Arbeit auf mehr Menschen zu verteilen. Ein Grundeinkommen ermöglicht einen freien Blick auf den anderen, der nicht mehr in erster Linie als Konkurrent um das knappe Gut dauerhafter Arbeitsplatz gesehen wird, sondern mit dem man teilen könnte. Das bedingungslose Grundeinkommen ersetzt keine Arbeitsplätze, aber es ermöglicht sie.

6. KAPITEL

Das Ende der Arbeit ist der Anfang neuer Arbeit

Arbeit ist Pflicht – Grundeinkommen ist Würde

Arbeit ist ein Menschenrecht. So etwa steht es auch in Artikel 23 der Allgemeinen Erklärung der Menschenrechte: »Jeder hat das Recht auf Arbeit, auf freie Berufswahl, auf gerechte und befriedigende Arbeitsbedingungen sowie auf Schutz vor Arbeitslosigkeit.«

Doch das Recht wird in der Praxis ausschließlich als Pflicht interpretiert. Wer in der DDR nicht arbeiten wollte, wurde als »asozial« geächtet. Laut Paragraph 249 des DDR-Strafgesetzbuches von 1974 wurde bestraft, »wer das gesellschaftliche Zusammenleben der Bürger oder die öffentliche Ordnung dadurch gefährdet, dass er sich aus Arbeitsscheu einer geregelten Arbeit hartnäckig entzieht, obwohl er arbeitsfähig ist«. Als mögliches Strafmaß waren Verurteilung auf Bewährung, Arbeitserziehung oder Freiheitsstrafe bis zu zwei Jahren vorgesehen.

Wenn wir im Westen also beeindruckt auf die selbstverständliche Berufstätigkeit der Frauen in der DDR guckten, die durch ein umfassendes Kindergartenangebot ermöglicht wurde, ahnten wir nicht, dass es für sie nicht die Entscheidungsfreiheit gab, sich lieber eine bestimmte Zeit um ihre Kinder zu kümmern, als in irgendeiner LPG Arbeit fürs Volk zu leisten. Die es dennoch wagten, mussten Verfolgung durch die Strafbehörden fürchten – auch, dass ihnen das Kind weggenommen wurde. Das bittere Kapitel der Zwangsadoptionen in der DDR als Folge des fanatisch durchgesetzten »Rechts auf Arbeit« wird gerade mühsam aufgearbeitet.

Im wiedervereinigten Deutschland ist diese Art von Zwangsarbeit zwar nicht im Strafgesetz verankert, aber die Pervertierung des Rechts auf Arbeit zur Pflicht steckt sowohl in den Köpfen als auch im Geist von Hartz IV. Wer die Zwangsangebote der Arbeitsagentur ablehnt, wird durch besonders harte Sanktionen in die Knie gezwungen, allen voran junge Erwerbslose.

Das Bundesministerium für Arbeit und Soziales definiert: »Wenn Sie unter 25 Jahre alt sind und eine zumutbare Arbeit ablehnen, wird Ihre Regelleistung für drei Monate gestrichen. Gestrichen werden auch die Zahlungen für Mehrbedarfe und der befristete Zuschlag. Zahlungen für Unterkunft und Heizung werden in der Regel dann direkt an den Vermieter überwiesen, damit Sie Ihre Wohnung behalten können. Das Notwendigste zum Leben erhalten Sie in Form von Sachleistungen (etwa Lebensmittelgutscheine oder Kleidung). Bei einer wiederholten Arbeitsablehnung entfällt auch die Zahlung von Kosten für Unterkunft und Heizung an den Vermieter.«

Wer sich – aus durchaus nachvollziehbaren Gründen – weigert, an sinnfreien Arbeitsbeschaffungsmaßnahmen teilzunehmen, dem droht Obdachlosigkeit. Das weiß auch das Ministerium und mildert etwas ab: »Um Obdachlosigkeit bei den Jugendlichen zu vermeiden, können die Kosten für Unterkunft und Heizung jedoch sofort wieder übernommen werden, wenn der Jugendliche sich nachträglich bereit erklärt, seinen Pflichten nachzukommen.«

Arbeit ist Pflicht. Wer sich beugt, dem wird gegeben. Wer nicht arbeiten will, muss am Existenzminimum leben. So weit sind wir damit vom DDR-Umgang mit »Arbeitsscheuen« im wiedervereinigten Deutschland nicht entfernt. Zwar droht dem Langzeitarbeitslosen keine Gefängnisstrafe, aber Sanktionen wie sinnlose Ein-Euro-Jobs, sinnlose Schulungen oder Einkommenskürzungen werden von den so Bestraften nicht als grundsätzlich anders erlebt. Sie dürfen sich nicht frei bewegen, müssen jede Art schlechtbezahlter Zwangsarbeit leisten und Details aus ihrem Privatleben offenlegen. Das ist beschämend und würdelos in einem der reichsten Länder der Welt. Erwerbslose werden faktisch ihrer Grundrechte beraubt, die der Staat laut Grundgesetz eigentlich nur im Fall einer Straftat einschränken darf. Wie gesagt: Hartz IV ist offener Strafvollzug!

Es lässt sich erahnen, wie sehr ein bedingungsloses Grundeinkommen die psychische Verfassung der Republik beeinflussen könnte, wenn die Angst so vieler davor schwinden würde, die Existenz zu verlieren und in eine Falle von Abhängigkeit, Arbeitslosigkeit und gesellschaftlicher Ausgrenzung zu geraten oder einen erniedrigenden Job annehmen zu müssen. Es könnte ein Hauch von Würde durchs Land ziehen, weil die Einzelnen, wenn auch auf einem bescheidenen Niveau, die Freiheit hätten zu wählen. Das würde gesellschaftlich eine spürbare Energie freisetzen.

Das Grundeinkommen würde eben allen, unabhängig von Geschlecht und Alter, Arbeit oder Einkommen gezahlt und auf jede Art der Zwangsarbeit verzichtet. Dann ist jemand, der erwerbslos ist, nicht stigmatisiert, sondern einfach ein Mensch ohne Erwerbseinkommen.

Mythos Vollbeschäftigung

Diejenigen, die sich lautstark darüber beschweren, dass das Nichtstun belohnt werde, verweisen gerne auf die niedrigen amerikanischen Arbeitslosenzahlen und bringen diese in Zusammenhang damit, dass die schlechte Sozialsicherung eben nicht dazu einlade, sie in Anspruch zu nehmen. Der amerikanische Soziologe und Ökonom Jeremy Rifkin warnt, dem amerikanischen Beispiel zu folgen: »Natürlich ist die US-Arbeitslosenquote niedriger als die deutsche. Aber bei uns sitzen allein zwei Millionen Leute in den Gefängnissen. Meinen Sie, das ist keine versteckte Arbeitslosigkeit?«

Je härter man die Sozialsysteme beschneidet, desto mehr tauchen die Probleme an anderer Stelle wieder auf: größere Armut, schlechtere Gesundheit, weniger Sicherheit, mehr Kriminalität. Denn das eigentliche Problem ist nicht fehlender Arbeitswille, vielmehr fehlen die Arbeitsplätze. Unsere Arbeitswelt hat sich zur »Reise nach Jerusalem« entwickelt: Es gibt immer einen Stuhl weniger, als es Spieler gibt. Wer keinen Platz hat, fliegt raus. Am Ende stehen lauter Verlierer um den einzigen sitzenden Gewinner.

Die Erwerbsarbeitsplätze in Wirtschaft und öffentlichem Dienst werden immer weniger, die Erwerbslosen deshalb immer mehr und deshalb die Sanktionen immer härter. Der Soziologe Georg Vobruba spricht von der »Beschäftigungsfalle«, in die sich die Politik mit der Agenda 2010 hineinmanövriert habe und in der alle nur verlieren können.

Statt diese Realität zur Grundlage ihres politischen Handelns zu machen, hält die Regierungspolitik am Mythos der Vollbeschäftigung fest und bezahlt diese Irrationalität mit immer weniger Zustimmung der Wähler. Die glauben in ihrer großen Mehrzahl dieses Märchen nicht mehr, vertrauen lieber ihrer eigenen Wahrnehmung. Jedes Jahr verschwinden in Deutschland über zehn Prozent aller Arbeitsplätze – und das bei gleichbleibender und steigender Produktivität. Schätzungen gehen davon aus, dass dauerhaft zwanzig Prozent der arbeitsfähigen Bevölkerung ausreichen, um die Wirtschaft auf dem heutigen Stand in Schwung zu halten. Achtzig Prozent der erwerbstätigen Bevölkerung blieben demzufolge langfristig ohne Job.

Neben Politik und Gewerkschaften hat die Wirtschaft ein Interesse, den Mythos der Vollbeschäftigung weiter zu nähren. Es ist eine nüchterne Kalkulation: Wenn mehr Menschen arbeiten wollen und müssen, als es Arbeitsplätze gibt, kann sie aus dieser »industriellen Reservearmee« die besten, aber auch gefügigsten Kräfte zu günstigen Preisen einkaufen. Unternehmen haben also kein Interesse an realer Vollbeschäftigung, aber am Fortbestehen ihres Mythos.

Gewerkschaften dagegen haben ein originäres Interesse, an dem Ziel von Vollbeschäftigung festzuhalten, weil sie im Fall ihrer Verwirklichung eine stärkere Verhandlungsmacht gegenüber den Arbeitgebern hätten. Je mehr Menschen arbeitslos sind, desto weniger Macht und Geld haben die Gewerkschaften. Ohne die Fiktion »Wir kümmern uns für euch darum, das Ziel Vollbeschäftigung zu erreichen«, drohen sie in der Bedeutungslosigkeit zu verschwinden.

Man stelle sich vor, es wäre gesellschaftlicher Konsens, dass nur jeder Fünfte arbeiten müsste. Die Gewerkschaft würde sichtbar zur Interessenvertretung einer Minderheit. Deshalb geben die Gewerkschaften auch nicht viel auf die begleitende Unterstützung neuer Arbeitsformen. Sie sind in ihrem Selbstverständnis gefangen, dass Arbeit betriebsförmig organisiert sein muss, am besten in einer bestimmten Anzahl von sicheren sozialpflichtigen Arbeitsplätzen, so dass gesetzliche Bestimmungen greifen. Ähnlich, wie der Sozialstaat deshalb nicht mehr funktionieren kann, weil sein Subjekt – der lebenslang angestellte, verlässlich ausrechenbare männliche Ernährer der Familie – im Schwinden begriffen ist, kann Gewerkschaftsarbeit so wie bisher nicht mehr funktionieren. Es wird nicht genügen, sich für Mindestlöhne einzusetzen. Die Gewerkschaften müssen ein konstruktives statt abwehrendes Verhältnis dazu entwickeln, dass genügend Güter produziert werden und dafür nur noch eine Minderheit der Menschen arbeiten muss. Sonst bleiben sie eine »ausgekühlte Bedürfnisgruppe«, um es mit einer Wortschöpfung Peter Sloterdijks zu sagen.

Das Dilemma der Ein-Euro-Jobs

Ein weiterer Auswuchs der Manie, alle müssten einer Arbeit nachgehen, sind die Ein-Euro-Jobs. Als einer der größten Anbieter von Ein-Euro-Jobs gilt die Dekra. 1925 als Deutscher Kraftfahrzeug-Überwachungs-Verein gegründet, ist das Unternehmen heute eine der größten Prüfgesellschaften der Welt. Geprüft werden neben Autos auch technische Anlagen wie Aufzüge, Medizinprodukte oder Spielzeuge. Die Dekra beschäftigt etwa 30 000 Menschen. Sie betreibt eine eigene Aus- und Weiterbildungsakademie, berät Unternehmen bei Personalfragen respektive »Outsourcing« und vermittelt »flexible Arbeitnehmerüberlassung«, zu Deutsch:

Zeit- oder Leiharbeitende. Zusammen mit den Jobcentern betreibt die Dekra auch quasi »fiktive« Unternehmen, also Modellbetriebe, die angeblich »wie normale Betriebe« funktionieren, nur eben keinen Gewinn machen und allen Beschäftigten einen Einheitslohn zahlen: einen Euro pro Stunde.

Ein solcher fiktiver Betrieb ist zum Beispiel die »Toys Company«, die in verschiedenen Städten etwa 2600 Ein-Euro-Jobber beschäftigt. Deren Aufgabe ist es beispielsweise, gespendetes Kinderspielzeug zu reparieren. Ein Herz für Kinder! So könne sich jeder »intensiv mit den jeweiligen Arbeitsaufgaben befassen, seine bisherigen Erfahrungen und Kenntnisse, aber auch eigene Ideen einbringen«, so die Selbstdarstellung des Unternehmens im Internet.

Die Dokumentarfilmerin Eva Müller berichtet in ihrer Reportage »Die Armutsindustrie« über arbeitslose Frauen, die in der Toys Company gespendete Puzzles auf ihre Vollständigkeit überprüfen – indem sie sie legen. »Der Rekord liegt beim 5000er-Puzzle bei knapp zehn Tagen. Und dann mussten wir leider feststellen, dass drei Teile fehlten«, zitiert sie den fröhlich daherredenden Geschäftsführer.

Aus Mangel an Spielzeug wurde eine »Frühchenabteilung« geschaffen, in der arbeitslose Frauen Miniatursöckchen oder -mützen stricken und häkeln, um Frühgeborene in Deutschland vor Erfrierung zu schützen.

Diese Art von Arbeit wird in einem »Modellunternehmen« staatlich gefördert! Wir erinnern uns dunkel an den vorgeblichen Sinn der Ein-Euro-Jobs: Menschen sollen (wieder) ans Erwerbsleben herangeführt werden: Pardon, an welches?

Mehr als vierzig Prozent eines jeden Jahrgangs, der die Schulen verlässt, landen laut »Berufsbildungsbericht« der

Bundesregierung, der im Frühjahr 2010 veröffentlicht wurde, in einer von Zigtausenden solcher »Maßnahmen«. So gelten sie nicht als arbeitslos: Das verschönert die Statistik.

Dass so gut wie keiner von den Ein-Euro-Jobbern solche Arbeit gerne macht, versteht sich von selbst. Und dass man durch solche »Qualifizierungsmaßnahmen« auch keinerlei Kompetenz gewinnt, die am Arbeitsmarkt hilfreich sein könnte, dürfte einleuchten. Der einzige Lerneffekt der sechs Monate, in denen man durch diesen Modellbetrieb geschleust – und ruhig gestellt – wird, ist, die Sinn- und Wirkungslosigkeit des eigenen Tuns auszuhalten. Kann das ein staatlich gefördertes Ziel sein?

Wer glaubt, dass es sich bei diesen Beispielen um willkürlich herausgegriffene Einzelfälle handelt, übersieht, dass Ein-Euro-Jobs so angelegt sind, dass sie keinen Sinn haben dürfen – um keine regulären, besser bezahlten Jobs zu gefährden. Es muss sich um zusätzliche Arbeit handeln, die sonst nicht gemacht würde. Aber wie soll ein sinnvoller Job aussehen, der »sonst nicht gemacht würde«? Sobald eine Arbeit sinnvoll und notwendig ist, wird sie von irgendjemandem gemacht oder gehört zumindest der Form halber in das Tätigkeitsfeld irgendeines Betriebes oder einer Behörde.

Als etwa die Gemeinde Demmin/Völschow in Vorpommern im Januar 2010 fünf Arbeitslose als Ein-Euro-Jobber zum Schneeschippen einsetzte, griff das zuständige Jobcenter sofort ein und untersagte den Einsatz. Begründung: Schneeschippen sei keine zusätzliche Aufgabe, sondern falle in die Verkehrssicherungspflicht der Gemeinden. Der empörte Bürgermeister aktivierte den Innenminister von Mecklenburg-Vorpommern und die Medien, am Ende erteilte die zuständige Regionaldirektion der Bundesagentur für Arbeit dem Jobcenter eine Ausnahmegenehmigung. Begründet mit dem Trick, »dass mit dem Wintereinbruch eine akute Notsituation gegeben war«. Das unlösbare Dilemma der Ein-Euro-Jobs an sich bleibt: Entweder handelt es sich um weitgehend sinnfreie zusätzliche Arbeiten, die per Ein-Euro-Job erledigt werden, oder es sind sinnvolle Aufgaben, die dann besser bezahlt werden müssten, für die es in den Kommunen jedoch kein Geld gibt. Deshalb verfahren etwa die meisten Kulturämter, die sich für ihre Arbeit keine qualifizierten MitarbeiterInnen mehr leisten können, so, dass sie notwendige Aufgaben in Zusatzaufgaben umdeuten – mit der Gefahr, bei der nächsten Haushaltsrunde noch weniger zu kriegen, denn für zusätzliche Arbeiten kann man ja keinen Regelbedarf geltend machen.

Teils dubiose Beschäftigungsgesellschaften haben das Monopol, Menschen in »Maßnahmen« zu stecken. Und so werden weiter von irgendwelchen findigen Betrieben »Modellunternehmen« geschaffen, in denen staatliche Hilfsmittel abgegriffen werden, um sinnlose Arbeit zu verrichten – davon profitieren nur die wenigen ordentlich bezahlten Projektleiter oder Geschäftsführer, die sich solche Betriebe ausdenken. Die Arbeitslosen selbst unterwerfen sich aus Angst vor Sanktionen der sinnfreien Schikanierungsmaschinerie.

Was Arbeit abschafft

»Bis 2010 werden nur noch zwölf Prozent der arbeitenden Bevölkerung in Fabriken gebraucht. Bis 2020 werden es weltweit nur noch zwei Prozent sein«, prophezeite Rifkin im April

2005. In seinem Buch »Das Ende der Arbeit« von 1995 wies er weltweit 800 Millionen arbeitslose oder unterbeschäftigte Menschen nach, 2001 seien es schon mehr als eine Milliarde gewesen. In den zwanzig größten Volkswirtschaften der Erde seien zwischen 1995 und 2002 mehr als dreißig Millionen Arbeitsplätze abgebaut worden. Die Entwicklung sei eindeutig und unumkehrbar. »In Zukunft wird Arbeit etwas für die Eliten sein. Für besondere Aufgaben wird man immer noch die Top-Ärzte, Top-Anwälte oder Top-Designer brauchen. Aber Durchschnittsqualität kann ein Computer oder ein Roboter billiger liefern«, so Rifkin in einem Interview in der *Stuttgarter Zeitung*.

Einige Schlagzeilen von der Jahreswende 2009/2010 untermauern Rifkins Einschätzung: »Deutsche Börse streicht bis zu zehn Prozent ihrer Stellen« – »Deutsche Bank gibt den Abbau von 6400 Stellen bekannt« – »Siemens streicht 4000 Arbeitsplätze« – »Die Commerzbank streicht alleine im Inland 6500 Stellen« – »US-Autohersteller General Motors (GM) will europaweit rund 8700 Stellen streichen, in Deutschland 4900 Jobs betroffen« – »Energieversorger Vattenfall will über 1500 Stellen abbauen« – »Die Deutsche Bahn streicht fast 4000 Stellen bei DB Schenker Rail«. Und das, obwohl die Aktienkurse dieser Unternehmen gleichzeitig teils gehörig stiegen.

Die Illusion der Vollbeschäftigung
macht krank

Die Illusion der Vollbeschäftigung hat schwerwiegende Folgen für Körper und Seele. Denn solange von der Politik und von den Medien in Folge nicht ausgesprochen ist, dass es nie mehr bezahlte Arbeit für alle geben wird und kann und man deshalb zu ganz anderen Modellen der Existenzsicherung kommen müsste, bleiben die Einzelnen, die aus dem Arbeitsprozess »freigesetzt« werden, mit dem Gefühl des eigenen Versagens zurück.

Nicht nur die Verdichtung der Arbeitstätigkeit belastet die Menschen, sondern auch unfreiwillige Arbeitslosigkeit führt nachweislich zu psychischen Störungen wie Angst, Depression, psychosomatischen Symptomen, geringem Selbstwertgefühl.

Das deutsche »Institut für Arbeitsmarkt- und Berufsforschung der Bundesanstalt für Arbeit« veröffentlichte 2001 eine repräsentative Befragung und Analyse arbeitsamtsärztlicher Gutachten unter dem Titel »Arbeitslos – Gesundheit los – chancenlos?«. Die Erkenntnis: Ein Wechsel zwischen Erwerbsstatus und Arbeitslosigkeit führt häufig zu einer Verschlechterung der psychischen Gesundheit; umgekehrt verbessert sich die seelische Befindlichkeit deutlich, wenn Arbeitslose zurück ins Erwerbsleben finden.

Forschungen der Universität Erlangen-Nürnberg haben den Zusammenhang zwischen Arbeitslosigkeit und psychischen Störungen 2009 in der bislang umfangreichsten Analyse dieser Art, bei der sie insgesamt 323 Studien auswerteten, ebenso belegt. Vor allem langandauernde Arbeitslosigkeit verursacht oder verschlimmert psychische Krankheiten. Die Gesundheitsschäden beeinträchtigen nicht nur die Leistungsfähigkeit der Arbeitslosen, sondern reduzieren auch die Chancen auf einen Arbeitsplatz deutlich. Damit stecken die Betroffenen im Teufelskreis aus Arbeitslosigkeit, Armut und Krankheit. Arbeitslosigkeit gilt als Hauptrisikofaktor für Armut und Armut wiederum als größter Risikofaktor für die Gesundheit.

Die dauerhafte Kränkung, die das Gefühl des »Nicht gebraucht, nicht gefordert, nicht gemeint sein« mit sich bringt, äußert sich unter anderem in neuen Krankheitsbildern. Seit einiger Zeit spricht man vom »chronischen Verbitterungssyndrom«; die erfahrene Entwertung, keinen Platz zu finden, führt dazu, dass sich Menschen einigeln, in der Depression abkapseln, um dem als unerträglich empfundenen Zustand des Nichtstuns, Nichtsschaffens und des Nichtgebrauchtwerdens, »dem Gespenst der Nutzlosigkeit« (Richard Sennett), zu entfliehen.

Und da es ja beim Grundeinkommen auch immer um die Frage geht, was man an anderen Ausgaben einsparen kann, um es zu finanzieren, spielen natürlich die steigenden Kosten für die ärztliche Behandlung dieses Gespenstes der Nutzlosigkeit eine nicht unerhebliche Rolle. Dieses Geld wäre im Grundeinkommen gesünder angelegt.

Überfluss erzeugt Mangel

Die Krankheit des Systems – die Tatsache, dass es vielen schwerfällt, sich über ihre Erwerbsarbeit hinaus zu definieren – wird in der amerikanischen Tragikomödie »Up in the Air« großartig vor Augen geführt: Die von George Clooney verkörperte Hauptfigur, Ryan, hat die undankbare Aufgabe, rund um den Globus Manager darin zu unterstützen, ihre Mitarbeiter vor die Tür zu setzen. Er gilt als Bester in seinem Job, was ihm aber nichts bedeutet. Er ist vom Ehrgeiz besessen, als siebter Mensch die Zehn-Millionen-Bonusmeilen-Schallmauer einer Fluggesellschaft zu durchbrechen. Der Meister der Rationalisierung und Effizienz wird jedoch eines Tages von der jüngeren Kollegin überrundet, die zur Effizienzsteigerung vorschlägt, Kündigungsgespräche nicht mehr vor Ort, sondern per Videokonferenz zu führen. Damit ist auch Ryans Arbeitsplatz bedroht – und er muss sich die Frage stellen, was er stattdessen mit seinem Leben anfangen könnte: Eine Konzentration auf Familie, Freunde und Liebe, wie sie es ihm seine junge Kollegin vorschlägt, kommt ihm seltsam unzureichend vor. Ein solches Leben würde ihm nicht genügen und ihn zugleich überfordern.

Es ist schwer, sich eine Existenz außerhalb von Erwerbsarbeit vorzustellen. Mit ihr verbinden wir unsere Identität, unseren Status, die für den Menschen so notwendige soziale Kommunikation. Schwer ist es auch deshalb, weil die Fähigkeit, sich die Frage zu stellen, was das Leben stattdessen konturieren könnte, uns nicht beigebracht wurde. Vielmehr grenzen solche Reflexionen an ein Tabu. In dieser Republik, die sich mehr als die meisten Länder auf der Welt über bezahlte Arbeit definiert, wird der Verlust von Arbeit *noch nicht* als Befreiung gedacht, anderen Tätigkeiten nachgehen zu können – die Philosophin Hannah Arendt nennt dieses entfesselte Leben »Vita activa«. Die evangelische Kirche von Westfalen resümierte schon 1983: »Wenn die Erwerbsarbeit ausgeht, dann besteht die Möglichkeit und Notwendigkeit, den Reichtum der Vita activa wiederzuentdecken und neu zu beleben.« Aber *noch* ist sie *nicht* Gegenstand breiter öffentlicher Diskussion, auch weil z. B. die Gewerkschaften sie nicht führen wollen.

In der Grundeinkommensbewegung ist die Frage zentral: Wie wollen und wie können wir eigentlich leben in einer Welt, in der alle Güter im Übermaß vorhanden sind? Und in der doch gleichzeitig Mangel, zum Beispiel an Sinn, herrscht.

Der Psychoanalytiker und Sozialpsychologe Erich Fromm hat in »Psychologische Aspekte zur Frage eines garantierten Einkommens für alle« (1966) die Verknüpfung von Mangel und Überfluss in unserer Zeit beschrieben:

»Der Übergang von einer Psychologie des Mangels zu einer des Überflusses bedeutet einen der wichtigsten Schritte in der menschlichen Entwicklung. Eine Psychologie des Mangels erzeugt Angst, Neid und Egoismus. Eine Psychologie des Überflusses erzeugt Initiative, Glaube an das Leben und Solidarität. Tatsache ist jedoch, dass die meisten Menschen psychologisch immer noch in der ökonomischen Bedingung des Mangels befangen sind, während die industrialisierte Welt im Begriff ist, in ein neues Zeitalter des ökonomischen Überflusses einzutreten. Aber wegen dieser psychologischen ›Phasenverschiebung‹ sind viele Menschen nicht einmal imstande, neue Ideen wie die eines garantierten Einkommens zu begreifen, denn traditionelle Ideen werden gewöhnlich von

Gefühlen bestimmt, die ihren Ursprung in früheren Gesellschaftsformen haben.«

Zu den Gütern, die im Überfluss vorhanden sind, gehört auch das Geld, das mit rasender Geschwindigkeit auf den Finanzmärkten der Welt zirkuliert. Es ist überall, nur nicht in unseren Portemonnaies. Das Geld ist da, es ist nur extrem ungerecht verteilt, weil unsere Gesellschaft die Verteilung des gesellschaftlich erwirtschafteten Vermögens an eine einzige Form der Arbeit verknüpft – die klassische Produktionsarbeit, Verwaltung und Finanzierung. Die meisten Tätigkeiten, die gesellschaftlich mindestens genauso wichtig sind, werden dagegen nicht oder deutlich weniger gut honoriert, wie die Erziehungs- oder Pflegearbeit. Es ist deshalb interessant, dass sehr viele Menschen, mit denen wir beide Zufallsbegegnungen hatten, auf die Frage, was sie tun würden, wenn für ihr Überleben gesorgt wäre, erzählen, dass sie sich mehr Zeit für etwas nehmen würden, dessen Erscheinungsformen vielfältig sind: Zeit, sich um Menschen zu kümmern.

Vier Gründe zu arbeiten: Geld, Ruhm, Sinn und Spaß

Wenn wir uns vom Zwang zur Arbeit befreien, wird eine neue Vielfalt von nebeneinander existierenden Arbeits- und Tätigkeitsformen entstehen. Schon heute gibt es eine Fülle von Arbeitsplätzen, die keinem Lohnerwerb dienen. Wir fangen hier ja keineswegs bei null an. Die durchschnittliche Lebensarbeitszeit liegt derzeit bei 37,5 Jahren – und das bei einer Lebenserwartung von 82 Jahren bei Frauen und 76 Jahren bei Männern. Mehr als die Hälfte unseres Lebens gehen wir also keiner Erwerbstätigkeit nach.

Jeder Dritte in Deutschland engagiert sich in einem Ehrenamt, wie das Bundesministerium für Familie, Senioren, Frauen und Jugend mitteilt: Mehr als 23,4 Millionen Menschen über 14 Jahren sind ohne Bezahlung in Vereinen, Verbänden, Selbsthilfegruppen, Kirchen, Stiftungen oder Initiativen, Freiwilliger Feuerwehr und beim Katastrophenschutz tätig.

Wobei vor allem junge Leute wenig mit dem Begriff anfangen können, er ist einfach nicht sexy genug. Ihnen geht es weder um Ehre noch Amt, sondern darum, ihre Fähigkeiten sinnvoll einzubringen. Das modernere Engagement wird in »Nichtregierungsorganisationen«, kurz NGOs (Non-Governmental Organizations) geleistet, die sich als »Non-Profit-Organisationen« verstehen. In den 1980er Jahren lag die Zahl dieser Organisationen weltweit bei rund 4500; heute zählt das Forschungsinstitut »Union of International Associations« in Brüssel 7728 NGOs. In den Niederlanden sind bereits 12,6 Prozent aller Vollzeitstellen im Non-Profit-Sektor angesiedelt. In Deutschland liegen wir bei 4,9 Prozent mit steigender Tendenz. Hier liegt ein Potential für Millionen von Arbeitsplätzen, doch diese Jobs müssen wir als Gesellschaft wollen – und über ein Grundeinkommen können wir sie zumindest basisfinanzieren.

Das Europäische Freiwilligen-Netzwerk, das den französischen Namen Centre Européen du Volontariat (CEV) trägt, ermittelt in europaweiten Studien den ungefähren Wert solcher Freiwilligen-Arbeit und geht in Deutschland von einer Wertschöpfung von mehr als 75 Milliarden Euro aus. Solche Zahlen sind natürlich nur Schätzwerte, aber sie geben ein

Gefühl dafür, dass es andere Gründe gibt zu arbeiten als Einkommen. Als Motiv für freiwillige Arbeit wird immer wieder genannt: der Wunsch, gesellschaftlich mitzugestalten, sich sinnvoll zu betätigen und anders als über Berufstätigkeit sozial eingebunden zu sein.

Aufschlussreich ist allerdings, dass der ganz überwiegende Teil derer, die freiwillig arbeiten, darüber hinaus einer bezahlten Tätigkeit nachgehen. Das würde sich mit dem Grundeinkommen ändern: Eine Frau, die Hartz IV bezieht, sagte uns bei einer Veranstaltung, sie wolle nicht bekennen müssen, dass sie keine Arbeit habe, weil dies ihre freiwillige Arbeit gleich mit entwerte. Mit einem Grundeinkommen würde sie sich nicht mehr schämen müssen.

Wir leben in Zwischenzeiten: Auf der einen Seite steht der unaufhaltsame Verlust klassischer Erwerbsarbeit, auf der anderen die erhebliche Zunahme von Arbeitsplätzen im kreativen Bereich, im Non-Profit-Sektor und in den Nichtregierungsorganisationen, so dass wir gleichzeitig von einer ökonomischen und sozialen Basis einer Gesellschaft sprechen können, die mehr und anderes sucht als die Verwaltung ihres Mangels. Die mehr will als zu überleben.

»Wovon lebst du eigentlich?«

Wenn das 19. und 20 Jahrhundert durch Institutionen und institutionalisierte, langfristige Arbeitsverhältnisse geprägt waren, gilt das 21. Jahrhundert als eines, in dem befristete, wechselnde Projektarbeit im Vordergrund steht. Diese Arbeitsform ist schon heute nicht mehr vornehmlich auf die künstlerischen Tätigkeiten beschränkt. Die Gesellschaft ist aber auf diese offenen, unabgesicherten Formen der Arbeit *noch nicht* vorbereitet. Wir werden Wege für gestückelte Existenzsicherungen finden müssen, hin zu Mischformen von Erwerbsarbeit und neuen Tätigkeitsformen.

Eine solche Mischform hat etwa Claudia Möller gefunden, die als Gewerbetreibende Touristen mit der Rikscha durch Berlin kutschiert, als Selbständige beim Deutschen Gewerkschaftsbund gegen Honorar Bildungsseminare gibt und als Leiharbeiterin auf Großveranstaltungen kellnert. Das Erste macht sie aus Spaß, das Zweite findet sie sinnvoll, das Dritte tut sie wegen des Geldes. In einem Deutschlandradio-Feature zum Thema Prekäre Arbeits- und Lebensverhältnisse 2006 begründet sie ihre berufliche Mehrgleisigkeit: »Es ist Lust auf Vielfalt und auf Freiheit und es ist sicher auch aus der Not geboren.«

Tatsächlich geht es nur selten allein um die Sicherung des eigenen Überlebens, wenn wir arbeiten. Am deutlichsten ist das bei den Künsten, den kreativen Berufen allgemein, aber auch beim Sport. Im Frühjahr 2010 plakatierte die Deutsche Sporthilfe großflächige Stellenanzeigen, in denen sie fiktiv nach BewerberInnen suchte (hier verkürzt wiedergegeben):

»Wir suchen schnellstmöglich eine/n Schwimmer/in 200 m Schmetterling. Ihre Aufgaben: Idealerweise vertreten Sie Deutschland bei internationalen Wettbewerben (Olympische Spiel, Welt- und Europameisterschaften) und platzieren sich auf Platz 1 bis 3. Ein bis zu dreimaliges Training täglich mit Wochenumfängen von achtzig Kilometern im Becken (= 1600 Bahnen) ist für Sie obligatorisch. Anschließende Kraft- und Beweglichkeitsübungen (mind. zehn Wochenstunden) sehen Sie als zusätzliche Motivation. Ihr Profil: Sie können sich auch bei einer 60-Stunden-Woche mit einem verfügbaren Einkommen von ca. 600 Euro im Monat ausreichend motivieren, da Sie Ihre Aufgabe als Berufung ansehen. Um für die Zukunft abgesichert zu sein, verfolgen Sie Ihre berufliche Ausbildung in den Regenerationszeiten eigenständig und gewissenhaft.«

Um Aufmerksamkeit zu wecken, wurde hier natürlich überzeichnet. Das Missverhältnis zwischen leidenschaftlichem Tun und Bezahlung kennen jedoch viele, deren Arbeit mit hoher Eigenmotivation betrieben wird – und dem Quäntchen Hoffnung, eines Tages ganz oben in der Liga der Theater, Biennalen, Festivals oder des Sports zu spielen. Im Vergleich zur Masse der Sportler kassieren nur wenige Spitzenathleten Millionengagen. Es muss kaum erwähnt werden, dass Sportler überproportional mehr verdienen als Sportlerinnen. Und von denen, die auf Förderung angewiesen sind, kommen auch nur 3800 pro Jahr in den Genuss einer Förderung durch die Stiftung Deutsche Sporthilfe – sie teilen sich die Jahresausschüttung von zehn bis zwölf Millionen Euro, im Schnitt 3333 Euro pro Jahr und Kopf.

Die Künstlersozialkasse (KSK) gibt in ihren letzten Statistiken das Durchschnittsjahreseinkommen aller bei ihr versicherten Künstler mit 14 999 Euro an, das der Künstlerinnen mit 11 355 Euro. Reicher wird hier keiner. Zum Vergleich: Das Durchschnittseinkommen von ArbeitnehmerInnen lag 2009 bei 27 648 Euro brutto. Der Verdienst von Künstlerinnen oder freien Journalisten und Lektorinnen reicht daher oft nicht für Kranken- oder gar Rentenbeiträge aus. Die Autoren Jörn Morisse und Rasmus Engler haben für ihr Buch »Wovon lebst du eigentlich?« zwanzig Kreative über ihre

Strategien befragt, sich jenseits von Festanstellung und Hartz IV über Wasser zu halten. Es sind Nebenjobs in Callcentern, Aushilfstätigkeiten in der Kneipe oder Taxi fahren, die die künstlerische Tätigkeit erst ermöglichen.

»Ich kann mit Armut ganz gut umgehen«, sagt die Schriftstellerin Almut Klotz, und genauso gelassen geben sich die Musiker der Gruppe »Sport«: »Wir waren schon immer Prekariat.« Der Autor Rasmus Engler fasst die Haltung der Kreativen lakonisch zusammen: »Dass es Leute gibt, deren Gehalt unter dem Existenzminimum liegt und die dennoch viel arbeiten und andererseits keinen Grund sehen, ihre Situation zugunsten des Einkommens zu verändern, können sich selbständige Anwältinnen mit zwei Kindern und auch Volljuristen, denen die Studenten besonders am Herzen liegen, wohl kaum vorstellen.«

Hartz IV hat die im deutschen Kultursektor übliche Mischung aus Projektbeschäftigung und temporärer Arbeitslosigkeit zu Lasten derjenigen radikal beschränkt, deren Beschäftigungsphasen relativ kurz sind. Wenn auf ein Engagement bei einem Theater, das etwa nur auf ein halbes Jahr befristet ist, eine Phase der Arbeitslosigkeit folgt, wird der vorherige Verdienst einfach nicht angerechnet. Weil die dafür erforderliche Mindestzahl an Beschäftigungstagen nicht erreicht wurde – eine Zahl übrigens, die in Zeiten kurzer Arbeitsfristen so gut wie nie erreicht wird. Für den Sozialpolitologen und -ökologen Michael Opielka ist damit eine Grenze erreicht, »unterhalb derer der Glücksgewinn in Existenzangst umschlägt« und damit Kunstproduktion behindert. Diese Diagnose reicht jedoch weit über das künstlerische Milieu hinaus. Existenzangst behindert ganz allgemein darin, einen kreativen Umgang mit dem eigenen Leben zu finden.

Die Vielfalt neuer Arbeitsformen

Wenn Hannah Arendt von »der Arbeitsgesellschaft, der die Arbeit ausgeht«, spricht, dann meint sie die unselbständige Erwerbsarbeit; produzierende Arbeit, die Rohstoffe in Güter verwandelt und mit diesen Handel betreibt. Arbeit umfassender verstanden, im Sinne einer schöpferischen Tätigkeit, als selbständige Gestaltung, die Arbeit im Sinne von Selbstverwirklichung oder der Schaffung eines Werks, ist indes nicht verloren, im Gegenteil, sie weitet sich aus. Leider auch die prekären Lebensverhältnisse, die mit dieser Art von Leben und Arbeit verbunden sind. Götz Werner nennt das Kulturarbeit und menschenbezogene Arbeit. Zu der er, neben Fürsorgearbeit, gesellschaftlicher Arbeit, auch die Arbeit an sich, Bildung, Muße zählt, die man in der »Universität des Lebens« lernt, in die er gegangen ist, weil er sich eine andere damals nicht leisten konnte.

Nicht nur Erwerbsarbeit ist wahre Arbeit. Bevor sich diese banale Erkenntnis durchsetzt, muss jedoch mit gesellschaftlichen Konventionen gebrochen werden. Denn wir haben Regeln geschaffen, die dafür sorgen, wie das gesellschaftliche Vermögen verteilt wird. Dieses Vermögen wird durch die effiziente Herstellung von Gütern geschaffen. Unser Bruttoinlandsprodukt ist so hoch wie noch nie in der Geschichte zuvor. Aus diesem Vermögen ziehen wir einen großen Teil heraus und verteilen ihn als Staatsausgaben wieder an die Steuerzahler – sei es als Auftrag für den Bau eines neuen Krankenhauses, sei es als direkte Transferzahlung. Und wir schaffen Regeln darüber, was uns wichtig ist und was wir uns leisten wollen; wir schaffen Regeln, welche Handlungen erlaubt und welche verboten sind, und bezahlen Menschen dafür, dass sie auf die Einhaltung dieser Regeln achten.

So haben wir zum Beispiel irgendwann einmal beschlossen, dass ein Bibliothekar im öffentlichen Dienst angestellt wird und monatlich ein festes Salär und eine angemessene soziale Absicherung bekommt. Und zwar relativ unabhängig davon, ob dadurch an irgendeiner Stelle in der Produktion mehr oder bessere Güter produziert werden. Der Bibliothek wird mit ihrem gesammelten Wissen ein gesellschaftlicher Wert beigemessen, den wir für so relevant halten, dass wir die darin Beschäftigten bezahlen.

Dasselbe gilt für die Finanzbeamten. Auch sie produzieren keine Güter, trotzdem leisten wir uns diese »Staatsdiener«, weil wir eine ordnungsgemäße Finanzbuchhaltung des gemeinsam erwirtschafteten Vermögens für ausgesprochen wichtig halten. Die Wichtigkeit unterstreichen wir mit dauerhaft sicheren Bezügen und diversen Privilegien.

Wir leisten uns auch MitarbeiterInnen des Ordnungsamtes, die die Einhaltung der Regeln kontrollieren – etwa die Öffnungszeiten in Ihrem Milchladen oder den Leinenzwang in öffentlichen Grünanlagen, das korrekte Abstellen von Fahrzeugen an ausgewiesenen Parkzonen und die pünktliche Meldung eines veränderten Wohnsitzes.

Auf der anderen Seite aber haben wir genauso entschieden, dass bestimmte Menschen kein Geld aus der Gemeinschaftskasse bekommen. Der Ladenbetreiber etwa muss den Laden auf eigene Kosten und auf eigenes Risiko betreiben. Für die Schriftstellerin, die das Buch erst schreiben muss, damit es der staatlich finanzierte Bibliothekar mit einer Signatur versehen und archivieren kann, ist keine Form von Gehalt vorgesehen. Ist das gerecht?

Das bedingungslose Grundeinkommen hingegen würde diese Ungerechtigkeiten, die noch teilweise plausibel daherkommen, weil wir das ihnen zugrunde liegende Denken gewöhnt sind, im Grundsatz verändern.

Das bedingungslose Grundeinkommen ermöglicht materielle und politische Teilhabe aller. Denn wenn jeder Mensch – unabhängig von seinen Tätigkeiten, egal ob kreativ-schöpferisch oder gesellschaftlich-politisch – tausend Euro im Monat bekäme und davon nicht nur existieren, sondern auch am gesellschaftlichen Leben teilhaben könnte, dann hätten wir die Chance, die traditionellen Vermögensverteilungen neu auszuverhandeln. Dann gäbe es auch die Chance, zu erledigende Arbeit zu tun, unabhängig von ihrer Bezahlung.

Selbständig – mit allen Konsequenzen

Es muss davon ausgegangen werden, dass künftig immer mehr Menschen Übergangsphasen ihres beruflichen Lebens durch Unterstützung vom Jobcenter finanzieren müssen, weil zunehmend temporäre Arbeitsverhältnisse die lebenslange Arbeit ersetzen. Im Wissenschafts- und Kulturbetrieb, in den Medien, also Verlagswesen, Presse, Rundfunk und Fernsehen, wird dies seit Jahren praktiziert. Eine Studie der Sozialwissenschaftler Carroll Haak und Günther Schmid am Wissenschaftszentrum Berlin (WZB) zum deutschen Arbeitsmarkt kommt zu dem Schluss, dass alle Arbeitsplätze in Zukunft zunehmend »künstlerisch geprägt« sein werden, und zwar

»selbstbestimmter, kompetitiv, wechselhaft in Art und Umfang des Beschäftigungsverhältnisses, in stärkerem Maße projekt- und teamorientiert, zunehmend in Netzwerke und weniger in Betriebe integriert, mit vielfältigen und wechselnden Arbeitsaufgaben, schwankender Entlohnung oder Vergütung und kombiniert mit anderen Einkommensquellen oder unbezahlter Eigenarbeit«.

Zahlen des Instituts für Freie Berufe in Nürnberg bestätigen diesen Trend: In Deutschland gibt es derzeit über eine Million Selbständige mit seit Jahren wachsender Tendenz. Sie erwirtschaften inzwischen mehr als zehn Prozent des Bruttoinlandsprodukts. In den klassisch selbständigen Berufen, wie den Anwaltskanzleien oder Architekturbüros, stagniert die Entwicklung bzw. werden die Leute auch nur noch projektbezogen eingestellt. Die Zahl der sogenannten Solo-Selbständigen, die ihr Unternehmen ohne Angestellte betreiben, hat sich seit 1991 auf rund 2,3 Millionen verdoppelt, und sie wird immer größer. Immer häufiger arbeiten sie einfach von zu Hause aus, um nicht auch noch teure Gewerberäume anmieten zu müssen. Auch in der Verwaltung versuchen sich viele Fachleute, die im Zuge der Wirtschaftskrise ihren Job verloren haben, nun als Berater oder Controller. Die Existenzgründungen folgen nicht immer dem inneren Antrieb, selbständig Entwicklungen gestalten zu wollen oder nicht mehr fremden Vorgaben unterstellt zu sein. Oft sind es Entscheidungen aus purer Not. Bevor die Menschen sich arbeitslos melden, machen sie sich selbständig.

Doch besonders in den Kulturberufen kann sich ein Großteil der Selbständigen durch ihre eigene Arbeit nicht ernähren. Am prekärsten ist die Situation der Selbständigen in Kulturberufen, die von der Künstlersozialversicherung nicht anerkannt werden, weil sie nicht als künstlerisch tätig aufgefasst werden. Das gilt zum Beispiel für alle KuratorInnen, in allen Sparten der Kunst. Vermittlung, also konkrete Arbeit mit den KünstlerInnen, Präsentation, wird nicht als schöpferisch gewertet. Anders als das Schreiben allgemein, auch über Kunst.

Die früher festangestellte Pressesprecherin Annette K. etwa hatte nach ihrem Studium bei drei verschiedenen Arbeitgebern jeweils für zwei Jahre befristete Anstellungen, zuletzt als Halbtagskraft an einem öffentlich geförderten Forschungsprojekt, das keine Fortsetzung gewilligt bekam. Deshalb wurde ihr Vertrag nicht verlängert, und Annette beschloss, ihre Fähigkeiten als Selbständige anzubieten. Das erste Jahr bekam sie Existenzgründungsförderung durch die Arbeitsagentur, was ihr den Start erleichterte, danach jedoch musste sie auf eigenen Beinen stehen, was ihr nur schwer gelang. Sie bewegte sich zusammen mit vielen Schicksalsgenossinnen in einem hart umkämpften Markt: Als Auftraggeber fungierten fast ausschließlich ihre früheren Chefs. Obwohl sie Texte verfasste, verlangten ihre Kunden, dass sie ihre Dienstleistung auf den Rechnungen als »Beratung« betitelte, da sie nur Fördergelder für Beratung beziehen durften, nicht aber für Textarbeit. Doch genau diese Betitelung wurde ihr bei der KSK zum Verhängnis; die verweigerte ihr nämlich die Aufnahme, weil sie als Beraterin keine künstlerische Leistung erbringe. Textarbeit hingegen wäre KSK-tauglich gewesen.

Annette K. musste sich daher privat krankenversichern. Von ihren ohnehin geringen Umsätzen floss nun ein nicht unerheblicher Anteil in die aktuelle soziale Absicherung. Daran, eine eigenständige Alterssicherung aufzubauen, war gar nicht zu denken. So wie Annette werden auch viele andere Selbständige in Zukunft von Altersarmut betroffen sein oder ihren Beruf weit über das Rentenalter hinaus ausüben müssen. Und das ist nicht allein ein Problem von Kulturschaffenden!

Eine Studie des Mannheimer Forschungsinstituts Ökonomie und Demographischer Wandel (FÖDW) sagte im Herbst 2009 voraus, dass einem Fünftel der Selbständigen (21 bis 22 Prozent) eine »relative Armut« drohe – mit weniger als sechzig Prozent des mittleren Einkommens: rund 15 000 Euro.

Schlecht versorgt sind neben den Selbständigen mit unterdurchschnittlichem Einkommen vor allem Beschäftigte im Niedriglohnsektor und Langzeitarbeitslose. Die Trennlinie zwischen vorsorgenden sowie ungenügend vorsorgenden Selbständigen verläuft, laut FÖDW, bei einem Haushalts(!)-Nettoeinkommen von 2000 Euro im Monat. In dieser Einkommensklasse befinden sich laut Studie dreißig Prozent aller Selbständigen und 48 Prozent aller abhängig Beschäftigten. Solange es kein Grundeinkommen gibt, ist Altersvorsorge für viele kaum zu bewältigen. Wer durch seine freiberufliche Arbeit gerade noch von der Hand in den Mund lebt, steht im Ruhestand mit leeren Händen da. Dem arbeitsamen Leben folgt eine Lebensabend in Armut.

Die zunehmende Altersarmut erschwert die kulturelle Teilhabe, denn gerade alte und gebrechliche Menschen sind zum Beispiel auf öffentlichen Nahverkehr oder gar Taxifahrten angewiesen, um selbst kurze Distanzen zu Veranstaltungen zuücklegen zu können. Selbst ein Telefon- oder gar Internetanschluss ist für viele Alte nicht mehr erschwinglich. Wenn für die Mobilität und Kommunikation das Geld fehlt, ist Vereinsamung die Folge. Der Freitod scheint dann manchen als der einzige Ausweg. Schon heute wird jeder dritte Selbstmord in Deutschland von Menschen über 65 Jahren begangen, dabei stellen die Über-65-Jährigen weniger als zwanzig Prozent der Bevölkerung. Depressionen gehören im hohen Lebensalter zu den häufigsten psychischen Störungen. Antriebslosigkeit und Hoffnungslosigkeit werden als Alterserscheinung abgetan.

Das bedingungslose Grundeinkommen hilft nicht nur, erwerbslose Phasen zwischen bezahlten Projektarbeiten zu überbrücken, sondern ermöglicht auch manchem, der von Freiberuflichkeit bislang nur träumt, die Initiative, sich endlich selbständig zu machen – ohne Angst, ins soziale Elend abzurutschen. Zugleich stabilisiert das bedingungslose Grundeinkommen die Einkommenssituation der wachsenden Zahl unfreiwillig Selbständiger, die nicht über die Risikobereitschaft »geborener Unternehmer« verfügen, und verschafft Sicherheit in unsicheren Zeiten. Nicht zuletzt öffnet das bedingungslose Grundeinkommen Freiräume für ein würdevolles Leben und sorgt für ein Leben ohne Existenzangst – die bedroht nämlich immer häufiger Menschen nicht erst im hohen Alter.

7. KAPITEL:

Grundeinkommen – ein Mittel gegen die Existenzangst

Unter Druck – von dem Gefühl, wertlos zu sein

»Generation Existenzangst« ist ein Thema im User-Blog des Magazins *Neon*. Die Autorin nennt sich »Ostseewelle«, heißt in Wahrheit Lena und schildert auf knapp achtzig Zeilen ihr dreißig Jahre altes Leben, das vor allem von einem geprägt ist: Angst.

»Mein Lebenslauf sieht aus wie tausend andere: Abitur, Auslandsaufenthalt, über hundert Bewerbungen (nicht ein einziges Vorstellungsgespräch), knapp fünfzig Absagen. Dann drei Jahre Praktikum und der Zufallstreffer: ein Job in einer Produktionsfirma. Aus einer lockeren Zusammenarbeit wird etwas Ernsteres. Gründung einer Ich-AG, nach drei Jahren zum Glück der erfolgreiche Sprung in die eigene Existenz. Meistens dann arbeiten, wenn die Freunde das Wochenende genießen und in die Disko fahren. Urlaubsplanung ist ein Fremdwort, man weiß ja nie, wann ein Auftrag reinkommt. 24 Stunden am Tag abrufbereit sein, das Handy immer dabei. Heute hier, morgen dort. Einen Tag in Dresden, abends wieder in Brandenburg. Am nächsten Tag ab nach Schwerin, übermorgen schon Braunschweig. Die Arbeit ist abwechslungsreich und in Zeiten guter Aufträge auch finanziell verlockend. Doch heutzutage währt nichts ewig. [...] Planungen im Leben sind nicht mehr möglich. Wie mein Kontostand morgen aussieht – ich weiß es nicht. [...] Ein neuer Tag bricht an und ich sitze vor dem PC. Surfe nach Alternativen, um die Angst zu besiegen. Ein »Work and Travel« in Australien wäre nicht schlecht. Stellen sich aber gleich mehrere Hindernisse in den 16 100 Kilometer langen Weg: Der Flug kostet ca. tausend Euro, 2400 Euro muss man auf seinem Konto als Rücklage nachweisen können. Wieder mal das liebe Geld, das diese Idee zerplatzen lässt.«

Lena hat als Reporterin, Autorin und Fotografin gearbeitet, als Tonfrau für den NDR, als Redakteurin für RTL 2, als Videocodiererin für die deutsche Post AG, als Geschäftsführerin eines Fitnessclubs. Sie hat sich engagiert für Aktion Sühnezeichen, die Menschenrechtsorganisation Memorial International und die Hilfsorganisation Kinderhilfe Brasilien. Sie spricht Englisch, Russisch und Französisch und hat einen Führerschein in vier verschiedenen Klassen. »High Potential« nennt man so eine.

Lena beschreibt eindrücklich, wie ihre Talente, Erfahrungen und ihre offenbar hohe Flexibilität durch lähmende Existenzangst blockiert sind. Es braucht nur wenig Phantasie, um sich vorzustellen, wie sie mit 1000 Euro bedingungslosem Grundeinkommen Boden unter ihre Füße, Luft unter ihre Flügel bekommen könnte. Denn sie hat gewiss kein Motivations- und kein Qualifizierungsproblem, sie leidet schlicht unter zerstörerischer finanzieller Not.

Seit einiger Zeit wird in der europäischen Kommission unter dem Schlagwort »Flexicurity« (eine Wortschöpfung, die sich aus »flexibility« und »security« zusammensetzt) über die Herausforderung unserer Zeit beraten, wie Flexibilität auf den Arbeitsmärkten und Beschäftigungssicherheit, die zurzeit erkennbar in Widerspruch zueinander stehen, in ein ausgewogenes Verhältnis gebracht werden können. Ende 2010 will die EU-Kommission auf Basis der Entscheidungen der Mitgliedsländer ein Konzept vorlegen. In Deutschland steckt die Diskussion noch in den Anfängen. Andere Länder, wie unsere beschäftigungspolitisch erfolgreichen Nachbarn Dänemark und die Niederlande, praktizieren bereits erste Ansätze der Flexicurity.

Es springt ins Auge, wie sehr die Einführung eines Grundeinkommens dieses Dilemma lösen könnte. Ganz konkret müsste sich Lena etwa weniger über Krankenkassenbeiträge und Rentenversicherung sorgen, könnte vielleicht auch eine Auszeit nehmen, um sich klarzuwerden, welche Arbeit sie wirklich ausüben will. Um sich dann umso produktiver für die gesellschaftlichen Belange einzusetzen, um die es ihr ganz entschieden geht.

Da das Grundeinkommen ja allen zur Verfügung stehen soll – 1000 Euro für jeden –, würden davon auch »Leistungsträger« und Führungskräfte profitieren. Die FAZ berichtete im Sommer 2009 davon, dass Manager durch die Wirtschaftskrise doppelt unter Druck geraten sind. Sie gelten in Politik, Medien und Öffentlichkeit als Verursacher der Krise und sind zum Feindbild geworden. Gleichzeitig kämpfen viele von ihnen ums betriebliche Überleben, um ihren Job, ihr Gehalt und ihr aufwendiges Leben. In einer Umfrage unter tausend Führungskräften gaben achtzig Prozent an, dass der Leistungsdruck seit Beginn der Krise gestiegen sei. Bei jedem Dritten habe die Krise das Privatleben negativ beeinflusst. Es herrscht die Furcht vor dem freien Fall. Psychologische Ratgeber melden sich auf dem Buchmarkt und in den tagesaktuellen Medien zu Wort – auf diese spezielle Gruppe zugeschnitten.

Wie bei George Clooney in »Up in the Air« sind prinzipielle Einsichten vonnöten, dass Kraft und Selbstbestätigung auch aus anderen Dingen als der Arbeit zu ziehen sind. Manager müssen häufig erst lernen, Selbstbewusstsein und Souveränität mit Sinnstiftung zu verbinden – und Familie, Freundschaften und gesellschaftlich relevante Tätigkeiten als deren Quelle zu begreifen.

Das Grundeinkommen bietet selbst denjenigen, die mit starken Ängsten geschlagen sind, eine Basis, sich anders zu verstehen als unter dem Diktat »Ich werde bezahlt, also bin ich«. Denn es bedeutet eben nicht nur einen monatlichen Scheck, den die Besserverdienenden lächelnd einstecken, sondern eine Verschiebung der Werte, die die gesamte Gesellschaft ergreift: Mit ihm würde die Akzeptanz für Lebensentwürfe fern der Stromlinienförmigkeit und Selbstausbeutung steigen.

Das moderne Arbeits-Los: Jobnomaden

Die Schere zwischen Arm und Reich geht weltweit, aber auch in der Bundesrepublik weiter auseinander. Gleichzeitig sind wir mitten in einer Phase der heraufziehenden Spaltung der Weltbevölkerung in »globalisierte Reiche und lokalisierte Arme«, wie der Philosoph und Soziologe Zygmunt Bauman diagnostizierte. »Jene überwinden den Raum und haben keine Zeit, diese sind an den Raum gefesselt und müssen ihre Zeit, mit der sie nichts anfangen können, totschlagen.« Das Gleiche könnte man über Orte sagen: Den immer schneller kreisenden Metropolen stehen aussterbende ländliche Regionen und Städte gegenüber, wer kein »kreatives Milieu« bieten kann, also eine Gemengelage von kultureller, wissenschaftlicher, technischer und wirtschaftlicher Kompetenz, ist raus aus dem Spiel. Das gilt im Großen wie im Kleinen, die Konkurrenz zwischen New York, Berlin und Tokio ist genauso unerbittlich wie die zwischen Darmstadt und Hanau oder die zwischen Berlin-Wedding und Berlin-Neukölln. Freizeit- und Kulturangebote werden zu ökonomischen Standortfaktoren.

Industriebrachen oder heruntergekommene Stadtviertel werden zunächst als billiger Lebensraum von meist jungen Kreativen und Studierenden erobert, die mit Improvisation und Überlebenskunst eine Subkultur ausprägen. Neue »In-Viertel« entstehen. Diese ziehen die Wohlhabenderen an, denn kreatives Ambiente ist angesagt. Mit deren Zuzug steigen die Immobilienpreise, die Pioniere können sie nicht mehr bezahlen und werden verdrängt. In der Fachsprache der Stadtgeographie heißt das Gentrifizierung.

So ziehen die Kreativen als »Jobnomaden« nicht nur von Projekt zu Projekt, sondern auch von Ort zu Ort. Der Buchautor Gunnar Werner, selbst erfahrener Jobnomade, unterscheidet in seinem Buch »Jobnomade – Das Arbeitslos und die Bewerbungslotterie« vier Arten von Jobnomaden:

• Lokale Jobnomaden bleiben zwar immer beim selben Arbeitgeber, arbeiten aber bei relativ kurzer Verweildauer in wechselnden Abteilungen, etwa als Korrespondenten einer Zeitung oder als IT-Spezialisten in einem Konzern.

- Translokale Jobnomaden wechseln aufgrund ihres Jobs häufig den Arbeits- und Wohnort, sei es als Wochenendpendler mit weit auseinanderliegendem Wohnsitz und Arbeitsplatz, sei es als Berufskraftfahrer oder Außendienstmitarbeiter mit wechselnden Einsatzorten oder sei es als Leiharbeiter, der je nach Auftragslage an unterschiedlichen Orten mit unterschiedlichen Aufgaben eingesetzt wird.
- Globale Jobnomaden wechseln – aufgrund betriebsbedingter Kündigung, Insolvenz oder aus eigenem Antrieb – oft den Arbeitsplatz und daher auch häufig den Wohnort.
- Additive Jobnomaden haben mehrere Jobs nebeneinander, müssen die Tätigkeiten aufeinander abstimmen, brauchen viel (unbezahlte) Zeit, um die jeweiligen Arbeitsplätze zu wechseln, und sind permanent damit beschäftigt, einen auslaufenden Vertrag durch einen neuen zu ersetzen.

Eine Zeitlang galt ein solches Leben sogar als erstrebenswerte Vision: Die Unabhängigkeit von Raum und Zeit – Internet und Mobilfunk machen's möglich –, wechselnde Jobs, wechselnde Wohnorte und wechselnde Beziehungen erschienen vielen als attraktiv. Schließlich hört sich ein solcher Lebensentwurf als Kosmopolit, der überall zu Hause ist, heute hier, morgen dort, glamourös an. Der Puls der Zeit schlägt im Takt der Ökonomie. Immer schön in Bewegung bleiben.

Ein Großteil der Berufstätigen nimmt weite Wege zur Arbeit in Kauf. Das Institut für Arbeitsmarkt- und Berufsforschung (IAB) fand 2005 heraus, dass bereits 39 Prozent aller Berufstätigen zur Arbeit pendelten – bei steigender Tendenz. Jedes Jahr wechseln heutzutage etwa 13 Prozent der Angestellten ihre Stelle. Oder anders formuliert: Im Schnitt wechselt jeder Mensch alle acht Jahre seinen Job. Die Lücke gehört zur Beschäftigungsbiographie selbstverständlich dazu.

Denn nur selten fügt sich bei einem Wechsel der eine Job nahtlos an den anderen. Fast jeder ist zumindest zeitweilig ohne Arbeit.

Und Neueinstellungen sind zunehmend befristet. Deren Anteil stieg von 32 Prozent im Jahr 2001 auf 47 Prozent im Jahr 2009. Heutzutage befindet sich laut Statistischem Bundesamt jeder zehnte Beschäftigte in Deutschland in einem zeitlich befristeten Arbeitsverhältnis, nur in Ausnahmefällen wird aus einem befristeten Job eine unbefristete Festanstellung.

Immer häufiger bedeutet ein neuer Job auch einen Neuanfang an anderem Ort mit unbekannten Nachbarn, unbekanntem Umfeld, unbekannter Infrastruktur. Der Preis für den Arbeitsplatzwechsel ist entsprechend hoch. Die psychosoziale Belastung einer so massiven Veränderung halten nur die Stärksten aus.

Beruflicher Stress und häufige Ortswechsel hinterlassen Spuren im privaten Leben: der Beziehung, den Freundschaften, allem, was Kontinuität und Nähe erfordert. Es ist ein neuer Typus des flexiblen Menschen gefordert, dem Richard Sennett ein ganzes Buch gewidmet hat. »Heute muss ein junger Amerikaner mit mindestens zweijährigem Studium damit rechnen, in 40 Arbeitsjahren wenigstens elfmal die Stelle zu wechseln und dabei seine Kenntnisbasis mindestens dreimal auszutauschen«, so der Soziologe. Diese unfreiwillige Kurzfristigkeit und Aufeinanderfolge von Anstellungen ist das Gegenteil von produktiver Beweglichkeit zwischen verschiedenen Arbeitsfeldern, -formen und -rhythmen; sie führt zu einer Entwertung von Erfahrung, was sich auch in der Tatsache widerspiegelt, dass junge (= billigere) StellenbewerberInnen gegenüber älteren fast grundsätzlich vorgezogen werden. Der französische Philosoph Gilles Deleuze hat diese Endlosschleife von Aus-, Fort- und Weiterbildung einmal trocken kommentiert: Der Mensch hört nicht mehr auf anzufangen.

Die Nomaden der Gegenwart sind »die Wunschsubjekte der Wirtschaft: frisch, frei, flexibel, flott und immer auf Achse«, konstatiert Annamaria Rucktäschel, Professorin für Gesellschafts- und Wirtschaftskommunikation in Berlin. Die neue Kultur der Mobilität bringe fest verankerte Strukturen erheblich ins Wanken, und zwar nicht nur in der Wissens- und Arbeitsgesellschaft, sondern auch in Familie und Partnerschaft: »Im turbulenten Strudel von Individualisierung, Globalisierung und Digitalisierung werden bislang solide verankerte Strukturen vehement durcheinandergewirbelt. Lebenspläne können sich von heute auf morgen modifizieren.«

Die Idee einer neuen Arbeits- und Lebensweise im Global Village entpuppt sich in der Praxis als unmenschliche Belastung. Berufstätige erleben sich nur noch als »Planungsvariable des Unternehmens« – in vollkommener Abhängigkeit und eben gezwungen, so flexibel wie irgend möglich zu sein. Doch der Mensch ist kein einsamer Zugvogel, der sein Leben lang die Welt umrundet. Sicherheit und Beständigkeit gehören auch im 21. Jahrhundert zu den menschlichen Grundbedürfnissen, was eine Studie des BAT-Freizeitforschungsinstituts von 2004 belegt: Zwei Drittel der 18- bis 34-Jährigen wollen lieber konventionell wie die Eltern arbeiten, nur jeder Dritte aus dieser Altersgruppe kann sich für flexible Arbeitsformen und Mobilität im Berufsleben begeistern. Je älter die Menschen werden, desto schwerer fällt ihnen die Ortlosigkeit.

Die Grenzen zwischen abhängiger Beschäftigung und

Selbständigkeit, zwischen Arbeit und Lernen sowie Arbeit und Freizeit verschwimmen, gleichzeitig steigt die Unsicherheit. Das »Nebeneinander« der Beschäftigungsformen in der Gesamtgesellschaft spiegelt sich als »Nacheinander« im individuellen Berufsleben: Phasen von Erwerbstätigkeit wechseln sich mit Phasen der Erwerbslosigkeit ab. Die moderne Vita gleicht einem bunten Stückwerk aus zeitlich versetzten Berufsfragmenten. Auf das Praktikum hier folgt das befristete Projekt dort; bis zum nächsten Projekt organisiert man das Fundraising für ein Forschungsvorhaben oder versucht das jeweils nächste halbe Jahr durch einen Antrag auf Stipendium oder Katalogbeihilfe zu überstehen. Unser gegenwärtiges Sozialsystem hat keine Instrumente, um auf diese neue Normalität zu reagieren. Im Gegenteil, wie wir aus den Ausführungen von Michael Opielka in einem früheren Kapitel wissen: Es wirft den Projektarbeitern erhebliche Knüppel in den Weg.

Kurzarbeit & Co.

Nach dem Crash von Lehman Brothers wurde Kurzarbeit zum politischen Mittel der Wahl – um die Arbeitslosenquote nicht massiv zu erhöhen. Im Mai 2009 waren gut 1,5 Millionen Arbeitnehmer in Kurzarbeit. Ende des Jahres bezogen noch 890 000 Arbeitnehmer Kurzarbeitergeld in Höhe von maximal 67 Prozent des Nettolohns, 620 000 Beschäftigte mehr als zwölf Monate zuvor.

Kurzarbeit, die den Steuerzahler teuer zu stehen kommt,

mag dabei helfen, Statistiken zu schönen, doch für die Betroffenen bedeutet es ein Leben in unsicheren Verhältnissen. Das Gehalt ist nicht immer existenzsichernd, die Zukunft im Betrieb ungewiss. Kurzarbeit hat etwa schwerwiegende Folgen für kreditfinanzierte Wohnungs- und Hausbesitzer. Die mussten 2009 vermehrt Lastenzuschüsse (Wohngeld für Eigentümer) beantragen: »Der starke Anstieg der Kurzarbeit hat (…) etliche Besitzer von Eigenheimen und Eigentumswohnungen bei der Bewältigung ihrer Immobiliendarlehen in Schwierigkeiten gebracht«, sagt Tobias Just, Immobilienanalyst bei Deutsche Bank Research.

Frank-Jürgen Weise, Vorstandschef der Bundesagentur für Arbeit, betonte im November 2009, dass die Kurzarbeit die Folgen der Krise nur zeitlich verschiebe. Manche Firmen missbrauchten zudem das Instrument der Kurzarbeit – zum Nachteil der Beschäftigten: »Wir wissen nicht, ob die durch Kurzarbeit vorgehaltenen Personal-Kapazitäten später wieder genutzt werden. Oder ob die Kurzarbeit im Grunde genommen nur eine verdeckte Verlängerung der Arbeitslosigkeit ist. Das würde dann heißen, dass man den Menschen Hoffnung macht, es gehe nach der Kurzarbeit wieder aufwärts, und stattdessen kommt die Arbeitslosigkeit.«

Würden die staatlichen Gelder für die Kurzarbeit in ein bedingungsloses Grundeinkommen fließen, wäre den in der Industrie von Kurzarbeit Betroffenen eher geholfen. Der Zustand, nicht mehr planen zu können, einer unsicheren Zukunft entgegenzusehen, würde ein Ende finden. Genau wie im kulturellen Sektor mit all seiner Prekariat erzeugenden Projektarbeit.

Die wenigen, die noch einen Arbeitsplatz innehaben, tun das heute eben immer seltener als dauerhaft Festangestellte.

Um sich aufwendige Kündigungsverfahren zu ersparen, beschränken sich Unternehmen auf eine kleine Stammbelegschaft, die sie projektbezogen um Spezialisten und Hilfskräfte ergänzen. Kurz-, Leih- oder Zeitarbeit, befristete Arbeitsverträge, Heimarbeit und vielfältige Formen von Selbständigkeit und Freiberuflichkeit sind die Arbeitsformen der Gegenwart.

Laut Statistischem Bundesamt hat sich die Beschäftigtenzahl in der Zeitarbeitsbranche zwischen 2002 und 2008 mehr als verdoppelt. Auf dem Höhepunkt arbeiteten 760 000 Menschen in der stark konjunkturabhängigen Branche. Durch die Wirtschaftskrise sank diese Zahl in 2009 wieder deutlich. Vor allem Geringqualifizierte verloren massenweise ihren Arbeitsplatz. Der gepriesene Dienstleistungs-Boom ist zugleich ein Boom der Leiharbeit: Achtzig Prozent der neuen Arbeitsplätze im Dienstleistungsbereich entstanden in der Zeitarbeit, die in 93 Prozent der Fälle nicht in ein unbefristetes Verhältnis umgewandelt werden.

Kurzarbeit, Befristung, Zeitarbeit, Teilzeitarbeit und Minijob gehen Hand in Hand mit Niedriglohnjobs. Rund 1,3 Millionen Menschen mussten 2009 mit Arbeitslosengeld II aufstocken. Ein Klima der Angst ist die Folge.

Angst vor Armut

Die grassierende Existenzangst ist begründet und geht mit einem Gefühl von Vereinzelung und Ohnmacht einher. Akut armutsgefährdet sind alle gesellschaftlichen Gruppen – ob

ältere Berufstätige oder Berufseinsteigerinnen, Reinigungs-
kräfte oder Programmierer, Fabrikarbeiter oder Journalis-
tinnen. Konkret müssen je nach Bundesland zwischen vier
und zwölf Prozent aller Arbeitnehmer heute schon mit weniger als sechzig Prozent des mittleren Einkommens der bun-
desweiten Bevölkerung auskommen. 2008 lag die Armuts-
schwelle im Bundesdurchschnitt bei 786,89 Euro. In Bayern
sind in der Regel prozentual weniger Menschen von Armut
betroffen, trotzdem ermittelte das Bayerische Landesamt für
Statistik eine erhöhte Armutsgefährdung bei rund einer Million Personen, die einer sogenannten »atypischen Beschäftigung« nachgingen. Dazu gehören befristete Tätigkeiten,
Teilzeitbeschäftigungen mit zwanzig oder weniger Wochenstunden, Zeitarbeitsverhältnisse sowie geringfügige Beschäf-
tigungen.

Vor allem diejenigen, die ohne Partner zugunsten der Kindererziehung im Job kürzer treten wollen oder müssen, laufen größte Gefahr zu verarmen: Selbst bei Alleinerziehenden,
die in einem »Normalarbeitsverhältnis« stehen, liegt die Ar-
mutsrisikoquote bei rund zehn Prozent – bei Alleinerziehenden ohne regelmäßiges Einkommen sind es zwanzig Prozent.

Armut und Armutsrisiko sind die extremen Ausprägungen
der veränderten Arbeitsmärkte. Die Grenze zwischen dauerhaft sicheren und kontinuierlich unsicheren Zonen der Arbeitswelt verwischt zunehmend. Es gibt nicht die Arbeitenden mit Einkommen und die arbeitslosen Armen, sondern
eine wachsende Zahl von Menschen dazwischen, die vom Erwerbsleben nicht ausgeschlossen sind, aber auch nicht richtig
dazugehören. Sie pendeln zwischen Perioden der Arbeitslosigkeit und Erwerbstätigkeit, zwischen Formen geförderter
und nicht geförderter Beschäftigung, zwischen mehr oder

weniger gesicherten Erwerbsformen und Armut trotz Erwerbsarbeit hin und her. Berlin ist die Hauptstadt dieser prekären Verhältnisse. Dort erzeugt die Allgegenwart von drohender Armut ein spezielles Gemeinschaftsgefühl unter den jungen Kreativen, die massenweise in die Stadt strömen. In Berlin, der Hauptstadt, der armen, der schönen, die so tief in der Schuldenfalle sitzt und reich nur an kreativen Potentialen ist, bricht sich die Bundesrepublik am radikalsten. Nirgends ist der Zerfall der bisherigen sozialen Sicherungs- und Finanzsysteme auf allen Ebenen sichtbarer als dort, nirgends die Abwesenheit von traditioneller Industrie deutlicher. Gleichzeitig gibt es wohl nirgendwo in der Bundesrepublik mehr junge, neugierige Menschen aus aller Welt, die wegen der oft diffus empfundenen Besonderheit in die Stadt drängen, offenkundig auf der Suche nach Lösungen, nach gesellschaftsrelevanter Ausweitung des eigenen Handelns.

Das Hamburger Institut für Sozialforschung beobachtet im Auftrag des Bundesministeriums für Arbeit und Soziales seit einigen Jahren die prekäre Beschäftigung in Deutschland. Sein Ergebnis: Grenzgänger schaffen trotz hoher Aktivität, Kreativität und Mobilität nur selten den Aufstieg in erwerbsbiographische Stabilität. Es spricht, den französischen Architekten und Philosophen Paul Virilio zitierend, »von einem rasenden Stillstand«. Aus Angst vor beruflicher Deklassierung und vor sozialer Ausgrenzung bemühen sich diese Grenzgänger, um jeden Preis in einem Arbeitsmarkt Fuß zu fassen, der nur kurzfristige Jobs, aber keine perspektivisch angelegte Beschäftigung mehr kennt. Sie bleiben im Prekariat gefangen.

Prekäre Erwerbsformen nehmen in einem ungeordneten Arbeitsmarkt mit flexibler Beschäftigung stetig zu. Kurzarbeit, Leiharbeitsverhältnisse, befristete Beschäftigung, Minijobs und Arbeit im Niedriglohnbereich führen zu einer Verwischung der Grenzen zwischen stabilen Arbeitsverhältnissen mit stetigen Karrieren in beruflicher Sicherheit einerseits und instabilen Sphären mit unsicheren Erwerbsverläufen, wechselnden Arbeitsverträgen und periodischer Arbeitslosigkeit andererseits. Das besorgniserregende Fazit des Hamburger Instituts für Sozialforschung: »Die Fragilität von Beschäftigungsverhältnissen, das rechtliche, soziale und materielle Prekariat der Erwerbsarbeit, aber auch die wachsende Hilfebedürftigkeit hat Einzug in ehedem stabile Bereiche der sozialen und beruflichen Mittelschicht gehalten.«

Wertschätzung statt Depression

Dass prekäre Arbeitsverhältnisse körperliche, geistige und seelische Höchstleistung bedeuten, beweist die zunehmende Zahl psychischer Erkrankungen. Arbeitsverdichtung, die Komprimierung, die Schnelligkeit am Arbeitsplatz bereiten Dauerstress. Dazu kommt der bereits erwähnte wachsende private Stress, weil die berufliche Belastung sich immer schwerer mit den Erfordernissen des familiären und sozialen Umfeldes vereinbaren lässt. Nicht zuletzt quält die Unsicherheit – und immer häufiger Existenzangst.

Das Wissenschaftliche Institut der AOK (WIDO) ermittelte einen Zuwachs der Fehlzeiten aufgrund psychischer Erkrankungen im Zeitraum von 1995 bis 2009 um achtzig Prozent. Dabei dominieren Depressionen und Angsterkrankungen, Zwangsstörungen und Reaktionen auf schwere Belastungen. Das Gefühl der Hilflosigkeit und Ohnmacht ist einer der wesentlichen Auslöser von Depressionen. Als Gründe für diese Zunahme der psychischen Erkrankungen gelten die rasanten Entwicklungen der Arbeitswelt. Bisherige Belastungen wie Nacht- und Schichtarbeit sind geblieben, neue wie berufliche Mobilität oder erhöhter Termin- und Leistungsdruck sind hinzugekommen. Die angespannte Situation seit der Wirtschaftskrise lässt diese krankmachende Unsicherheit chronisch werden.

Eine 2009 publizierte Studie des WIDO und der Universität Bielefeld zeigt, dass Arbeitsplatzunsicherheit häufig mit einem höheren Arzneimittelverbrauch, vermehrtem Alkoholkonsum, aber auch mit weniger sozialen Kontakten verbunden ist. Etwa zwei Millionen Menschen in Deutschland versuchen, den gestiegenen Anforderungen der Arbeitswelt gerecht zu werden, indem sie zu Psychopharmaka greifen.

Mehr als siebzig Prozent der Beschäftigten gingen 2009 krank zur Arbeit oder warteten zur Genesung das Wochenende ab. Jeder Dritte setzte sich dabei sogar über den Rat des Arztes hinweg, aus Angst, den Arbeitsplatz zu verlieren.

Die immer effektivere Ressourcennutzung (Taylorismus, Rationalisierung, Automatisierung, Produktivitätssteigerung, Dienstleistungsgesellschaft) hat intensive Auswirkungen auf den Arbeitsmarkt. Es kommt, wie es der deutsche Publizist und ehemalige Nürnberger Kulturdezernent Hermann Glaser formuliert hat, zu einem »Verschwinden der Arbeit« oder in den Worten von Jeremy Rifkin zu einem »Ende der Arbeit«. Das erfordert einen umfassend neuen Blick auf die Arbeit und die Verteilung von Wohlstand: Wenn mit immer weniger menschlicher Arbeit immer höhere Wertschöpfung erzielt wird, dann müssen wir sicherstellen, dass diejenigen, die zur Schaffung des Wertes nicht mehr notwendig sind, trotzdem von ihm profitieren können.

Wert ist und hat, was und wem wir Wert geben. Das Grundeinkommen ist die einfachste und zugleich radikalste Form, das Wertesystem unserer Gesellschaft neu zu bestimmen. Statt der Profitmaximierung und dem reibungslosen Funktionieren zu huldigen, würde die Entfaltung der Menschen in Freiheit eine neue Wertschätzung erfahren – zum Wohle der Gesamtgesellschaft.

Es gilt die Maxime: Der Mensch erfährt Wertschätzung, weil er Mensch ist. Er ist Mitmensch und damit Teil der Gesellschaft – das bedingungslose Grundeinkommen sichert seine und ihre Teilhabe, dem Manager ebenso wie dem High Potential, der Jobnomadin ebenso wie dem Sitzenbleiber. Waren, Produkte und Leistungen sind verhandelbar. Der Mensch ist Wert an sich.

8. KAPITEL:

Kreative Arbeit – die Arbeit der Zukunft

Neue Wege – Kultur an der Ruhr

400 Kilometer ist die Strecke lang, ein Parcours von Attraktionen durch einen Teil Deutschlands, der sich von einer typischen Region der untergehenden Schwerindustrie auf den Weg gemacht hat, nach seiner postindustriellen Identität zu suchen. Die Rede ist vom Ruhrgebiet und der »Route der Industriekultur«. Freigelegt wurde sie 1998/99 durch die Internationale Bauausstellung (IBA) Emscher Park, die Industriearchitektur, Natur und Kultur mit Stadtlandschaften zusammenbrachte. Die eindrucksvolle Kulisse besteht aus Hochöfen, Gasometern und Fördertürmen, die als stumme Zeitzeugen industrieller Boomjahre eine neue Qualität von Tourismus eingeleitet und den Nordrhein-Westfalen selbst die Schönheit ihrer unmittelbaren Umgebung vor Augen geführt haben.

Vor allem aber hat IBA-Direktor Karl Ganser den Boden für einen neuen Blick auf Wirtschaft bereitet, dem es nicht um Ökonomie *oder* Ökologie, um Arbeit *oder* Ästhetik geht, sondern um alles zusammen. Es zog ein anderes Denken und Sehen in diese Region ein. Die Notwendigkeit, sich ökonomisch neu zu erfinden, war unübersehbar, obwohl die SPD gegen das Projekt polemisierte: »ein Park, in dem Arbeitslose spazieren gehen können«.

Ehemalige Kohlereviere scheinen geradezu prädestiniert dafür zu sein, sich kulturell neu zu erfinden, was auch die Transformation der beiden englischen Städte Newcastle und Gateshead belegt, die durch den Niedergang ihrer Schiffs- und Bergbauindustrie Ende des Jahrtausends mit einer Arbeitslosigkeit von 55 Prozent geschlagen waren. 2002 erklärte das amerikanische *Newsweek*-Magazin die Doppelstadt Newcastle-Gateshead zu einer der acht kreativsten Städte der Welt. Die Kultur habe »das physische Gesicht der Stadt verändert«, wird der Bürgermeister von Newcastle zitiert. Sie sei »Wegbereiter für eine neue Unternehmerkultur von Kleinunternehmen, Selbständigen, Dienstleistern«.

Im Ruhrgebiet dauerte es etwas länger, aber die Metropolregion hat sich in Nachfolge der IBA mächtig ins Zeug gelegt und eine Rundumerneuerung durch ökologische Wirtschaft, Kultur- und Wissenschaftsförderung vorgenommen. Im Jahr 2005 waren in der Kulturwirtschaft Nordrhein-Westfalens rund 203 000 Personen beschäftigt, etwa doppelt so viele wie in der chemischen Industrie.

2004 bewarben sich die 53 Städte an der Ruhr gemeinsam um den Titel der Europäischen Kulturhauptstadt 2010 und machten als Städteverbund das Rennen, weil die Region beispielhaft für den notwendigen Wandel der Arbeit hin zu Kunst und Wissenschaft im postindustriellen Europa steht.

Innovation statt Subvention

Im Vergleich zu allen anderen Wirtschaftszweigen ist die Kulturwirtschaft deutschlandweit im Aufschwung. Dabei wird sie überproportional stark von Kleinstbetrieben getragen, deren Mitarbeiter sich häufig am Rande des Existenzminimums bewegen.

Die Zeiten, als große Arbeitgeber mit sicheren Arbeitsplätzen noch die Regel waren, sind in der Phase des deutschen Wirtschaftswunders zu verorten. Im Bergbau waren damals fast eine halbe Million Menschen beschäftigt. Aber schon seit den 1960er Jahren hatten die Regierungen, Kohlekrise um Kohlekrise, gegen den Niedergang der glühenden Landschaften entlang der Ruhr zu kämpfen. Vergebens. Fusionen, Rationalisierungen und Schließungen führten zu permanentem Beschäftigungsabbau, schließlich zum Ausverkauf der Zechen und Stahlwerke. In den 1970er Jahren gab es nur noch 150 000 Bergleute, in den 1990er Jahren noch 85 000. Heute sind es noch knapp 30 000 Menschen, die vom Bergbau leben. Mit etwa 2,5 Milliarden Euro jährlich erhält die Steinkohleförderung die höchste Subvention aus dem Haushalt der Bundesregierung, ohne international wettbewerbsfähig zu sein.

Da kommt einem schon mal in den Sinn zu fragen, wie das wäre, wenn man das Geld anstelle der Unternehmen den Bergarbeitern selbst geben würde? Dann erhielte jeder Arbeitnehmer 53 000 Euro; in jedem Jahr, solange wir diese Subventionen zahlen. Das reicht – bei den angenommenen tausend Euro Grundeinkommen pro Kopf – für eine vierköpfige Familie. Das Geld könnten der arbeitslose Bergarbeiter oder seine Frau wiederum nutzen, sich beruflich umzuorientieren. Vielleicht kämen er und sie dabei auf eine gute Idee, die unsere Gesellschaft besser gebrauchen könnte als überteuerte Steinkohle.

Auch die übrigen einstigen Schlüsselindustrien stecken in der Krise. Ob Montanindustrie, Autoproduktion, Maschinenbau oder Chemie. Um den Niedergang zu bremsen und um den Menschen keinen radikalen sozialen Absturz zuzumuten, hat die Politik auch diese sterbenden Branchen an den Tropf der Subventionen gehängt. Der massive Stellenabbau kann durch die neuen Stellen in den wachsenden Branchen Kulturwirtschaft und IT nicht aufgefangen werden.

So war die Abwrackprämie ein solches Subventionsinstrument, das – wie es rückwärtsgewandten Subventionen nun einmal zu eigen ist – niemandem strukturell geholfen hat. Nur kurzfristig päppelte sie eine Branche auf, die unter immensen Überkapazitäten leidet. Weltweit werden 85 Millionen Autos pro Jahr gefertigt, obwohl nur etwa 65 Millionen Autos verkauft werden.

Auch die Staatsgarantie von 1,5 Milliarden Euro für Opel, die General Motors dann doch nicht in Anspruch nahm, war zumindest zweifelhaft. Wofür wurde hier eigentlich garantiert? Subventioniert eine solche Garantie nicht statt Arbeit in Wahrheit Vergangenheit? Es wäre einsichtiger gewesen, wenn die Zukunft des Autobauers von vornherein nicht nur den üblichen Akteuren von Konzernmanagement, Gewerkschaften und Politik überlassen, sondern wenn Sachverstand von außen hinzugezogen worden wäre, um zu sehen, was anderes, gesellschaftlich und ökologisch Relevantes dort produziert werden könnte.

54,4 Milliarden Euro steckte Deutschland laut einer Studie

des Kieler Instituts für Weltwirtschaft allein 2009 in Subventionen. Direkt den Bürgern zur Verfügung gestellt, wären das etwa 850 Euro pro Kopf. Pro Monat.

Die Industrie mag in unserem Land noch immer eine wichtige Rolle spielen, im deutschen Selbstverständnis vielleicht eine noch größere, als es ihre reale ökonomische Bedeutung hergibt. Dennoch gilt es, sich für die Zukunft zu rüsten – wie es im Pott seit der IBA versucht wird. Hier wird an einer Gesellschaft gearbeitet, die sich durch das Kulturelle bestimmt. »Wandel durch Kultur – Kultur durch Wandel« ist der Leitgedanke von Ruhr 2010. Dabei geht es nicht nur um die Existenz von 200 Museen, 100 Kulturzentren, 100 Konzertsälen, 120 Theater- und Opernhäusern, 250 Festivals und Festen, 3500 Industriedenkmälern und Musicaltheatern, die an sich schon beeindruckend sind, sondern um Verbindungen zu den sechs Universitäten, neun Hochschulen, Forschungsinstituten und Technologiezentren, die nach neuen Wegen der Identität suchen. Nie zuvor hat eine Kulturhauptstadt die Kreativwirtschaft zu einem ihrer Hauptthemen gemacht und sie gleichberechtigt in ein Programm neben die öffentlich finanzierte Kultur gestellt. Zum ersten Mal werden die selbständigen Akteure und Urheber, die ihre Kulturproduktion am Markt refinanzieren (müssen), als Modellbranche für den Wandel durch Kultur wahrgenommen. Ruhr 2010 hat die Branchen der Kreativwirtschaft als treibende Kräfte gesellschaftlicher und sozialer Veränderungen erkannt (von Film über den Computerspielsektor bis Musik, von Literatur über Design zu den darstellenden Künsten). Der Jahresumsatz der 23 000 Firmen der Kreativwirtschaft in der Region wird auf etwa acht Milliarden Euro geschätzt. Der Zuwachs an Unternehmen lag seit 2006 mit 14 Prozent doppelt so hoch wie bei anderen Branchen. Diese Zahlen zeigen die wirtschaftliche und gesellschaftliche Bedeutung der Kreativwirtschaft für die Metropole Ruhr. Diese Bedingungen machen das Ruhrgebiet zu einer der dichtesten Bildungs- und Forschungslandschaften Europas.

Dort, wo Kunst und Wissenschaft Handels- und Wissensware sind, sind sie der Wirtschaft zuzurechnen. Weit spannender und für eine kreative Weiterentwicklung von Gesellschaft unerlässlich sind Kunst und Wissenschaft dort, wo sie gesellschaftlich relevante Handlungskonzepte hervorbringen, indem sie innovative Formen der Arbeit etablieren: Gemeint ist eine Tätigkeitsform, die vielleicht einmal der Boheme zuzuordnen war, inzwischen aber zum verallgemeinerbaren Modell für zukünftige Arbeits- und Lebensformen geworden ist. Sie ist gekennzeichnet durch die Aufhebung von Arbeit und Freizeit, eine sich permanent ändernde Auftragslage, die Einbettung der Arbeit in Projekte mit anderen, dann wieder ein einsames Arbeiten von zu Hause aus. Diese Tätigkeitsmerkmale sind symptomatisch für das, was wir das Prekariat nennen. Und erwerbslose Künstlerinnen und Wissenschaftlerinnen bilden die Avantgarde der prekären Verhältnisse.

Es stellt sich die Frage, ob eine Gesellschaft wie die unsere, die über keine anderen Ressourcen als die Kreativität verfügt, es sich leisten kann, auf deren Vermögen zu verzichten. Kreative Städte basieren auf dem Reichtum der Möglichkeiten und Lebensentwürfe ihrer BewohnerInnen. Sie brauchen deren Talente und Gestaltungskraft – und deren Bewusstsein, an der umfassenden Entwicklung ihrer Stadt teilhaben zu können: hin zu einem angenehmeren Lebens- und Arbeitsort. Wie Krisen, auch und gerade die gegenwärtigen, gemeistert werden können, hängt davon ab, ob wir Anerkennungs-

und Beteiligungsformen finden, die Menschen ermutigen, Alternativen zu erproben und zu gestalten.

Charles Landry, Autor von »The Art of City Making«, hat eine einfache und bestechende Unterscheidung gefordert. Eine Stadt sollte nicht danach streben, die kreativste in der Region, dem Bundesland, der Nation, *in* der Welt zu sein. Vielmehr müsste es der jeweiligen Stadt darum gehen, ihre Kreativität *für* die Welt einzusetzen. Im »für die Welt« läge die ethische Dimension der Kreativität, die Individuen, Gruppen und Außenseiter einzubeziehen verstehe.

Laboratorium für eine postindustrielle Kulturgesellschaft

Eine Kulturgesellschaft definiert sich nicht mehr in erster Linie über Lohnarbeit und die zunehmende Abwesenheit derselben. Sie erkundigt sich nach dem Vermögen eines Einzelnen, das mehr umfasst als seine Arbeitskraft und seinen Marktwert. In einer Kulturgesellschaft müsste es darum gehen, aus einer sozialen Arbeit, die Ungerechtigkeiten notdürftig ausgleicht, eine solche zu machen, die Gesellschaft gestaltet: mit Selbstverantwortung, Vertrauen, Hingabe, Eigeninitiative, Experimentieren, Ausprobieren, Verwerfen. Die Idee der Kulturgesellschaft geht von zwei Annahmen aus: davon, dass die Ressource der Gegenwart in rohstoffarmen Ländern die Kreativität ist, die zu fördern vor allem heftige Fragen an das gegenwärtige Bildungssystem aufwirft. Zweitens setzt sie auf das Vermögen der Einzelnen, darauf, dass alle Menschen durch ihr Tun Wirkung erzielen wollen, dass sie gebraucht, gemeint sein und gestalten wollen.

Die wichtigen Fragen sind: Wo liegen die Möglichkeiten des Individuums, an der allgemeinen, gesellschaftlichen und kulturellen Weiterentwicklung zu partizipieren? Wo ihre und seine kreativen Fähigkeiten, die für einen gesellschaftlichen Wandel beitragen?

Die Ruhrregion, die an Fläche und Einwohnerzahl mit Los Angeles vergleichbar ist, ist ein Großlaboratorium für die Erprobung anderer Lebens- und Arbeitsmodelle und steht damit Patin für vergleichbare Veränderungen in anderen Regionen des Landes und des Kontinents. Denn vielerorts besteht für immer mehr Menschen aller Schichten, Altersgruppen und Nationalitäten keine Perspektive einer herkömmlichen sozialen Verortung mehr, weitet sich das prekäre Leben aus. Auch die folgende Tatsache beschreibt das Modellhafte dieser Region: Die Hälfte dieser 53 Städte steht unter Haushaltsvorbehalt, sie sind also nicht mehr selbständig in ihrer Ausgaben- und Einnahmenpolitik, sondern mussten diese Autonomie an die Landesregierung abtreten, so dass sich vielen die Frage stellt, was nach dem Ende des Großen Projekts »Kulturhauptstadt Ruhr 2010« auf sie zukommen wird.

Es liegt auf der Hand, dass die gewonnenen wertvollen Erfahrungen aus dieser Experimentierphase der Kulturarbeit erst mit dem Grundeinkommen eine dauerhafte Perspektive bekommen könnten.

Auch in Brandenburg und Sachsen-Anhalt ist ein ähnlicher Strukturwandel im Gange wie im Ruhrgebiet, auch dort wurde im Rahmen einer IBA nach neuen Wegen gesucht, die zunächst bei der Umwelt ansetzen. Bis in die 1990er war in der Lausitz noch Braunkohle abgebaut worden. Seit 2000 wird die von der Industrie hinterlassene Mondlandschaft im Rahmen der IBA Fürst-Pückler-Land in eine attraktive Naturlandschaft verwandelt. Ehemalige Industriehallen werden zu Freizeitarealen umgebaut, Seen angelegt und buchstäblich Berge versetzt: Wenn die Transformation sich hier auch noch auf die Freizeitindustrie beschränkt, ist doch der Startschuss gefallen, neue Möglichkeiten der Wiederansiedlung auszuprobieren.

In Sachsen-Anhalt wie vielerorts in der ehemaligen DDR kämpft man mit den Folgen von Abwanderung. Es gibt zu wenig Arbeit – die Jungen und vor allem Frauen ziehen weg, die Alten und die schlechter ausgebildeten Männer bleiben. Wohnungen stehen leer, ganze Städte und Dörfer sterben aus. Seit 2003 werden dort in 19 beteiligten Städten systematisch Industrieanlagen und Plattenbauviertel abgerissen und in Grünflächen, Skateparks oder Freiluftgalerien verwandelt: Raum, der Tourismus anlocken soll, um die Region ins 21. Jahrhundert zu führen.

Überall in Deutschland geht es darum, die postindustriellen Gegebenheiten auf eine ungewisse Zukunft hin zu entwickeln und Lösungen für eine Welt zu finden, die der heutigen nicht allzu sehr ähneln wird. Doch obgleich schon vereinzelt an Lösungen für die Entwicklung einer neuen zukunftsfähigen Gesellschaft gearbeitet wird, glauben viel zu viele Menschen immer noch, dass sie nicht Teil dieses Prozesses sein könnten. Zu sehr haben bei ihnen die Maßnahmen einer Politik Spuren hinterlassen, die Jugendliche, Alte, MigrantInnen und Erwerbslose als Problem und nicht als Teil der Lösung ansieht.

Eine politische Investition in die Zukunft

Kultur ist ein fundamentaler Bestandteil der Wirtschaft. Die Potentiale dieser Kulturwirtschaft zu erkennen ist ein immens wichtiger Schritt, den die Politik in Deutschland viel zu lange nicht gehen wollte, um sich zu Anfang des dritten Jahrtausend auf einmal alles Glück von der Kreativindustrie und ihren Arbeitsplätzen zu erhoffen. Von Passau bis Flensburg suchten die Stadtoberen nach »Technologie, Talent und Toleranz«, ohne die, so der Soziologe Richard Florida, Städte keine Zukunft hätten. Dieses Fieber hielt jedoch nur bis zum Ausbruch des Weltfinanzdesasters an.

Seit diesem Zusammenbruch der Finanzwirtschaft vor zwei Jahren scheint der politische Hype um die Kreativität passé. Statt in Ideen und Möglichkeitsräume zu investieren, kehren Regierungen auf allen Ebenen mit ihren Konjunkturbeschleunigungsprogrammen zur Beton- und Blechpolitik zurück. Auf kulturellen Betätigungen lastet hingegen wieder der Druck, Leuchtturm, Event sein zu müssen, um ein beachteter Player in Kulturwirtschaft und Tourismusförderung zu sein.

Denn ein Grund dafür, dass die Kultur vom kurzzeitig gefeierten Kreativ-Star wieder aus dem ökonomischen Rampenlicht in die Nische verbannt wurde, liegt natürlich auch darin begründet, dass die Kreativen die Arbeitslosenstatistiken mit ihren überwiegend unabgesicherten Honorar- und Werkverträgen nicht belasten. Im Kulturbetrieb wird nicht gekündigt, der Prozess des Arbeitsverlusts ist ein unauffälligerer: Man wird einfach nicht mehr beauftragt, Projekte laufen aus, statt Sextetten werden nur noch Terzette gebucht, aus öffentlichen

Mitteln wird keine Kunst mehr angekauft etc. Kunstschaffende erhöhen also die Arbeitslosenstatistik nicht sichtbar, wie die gekündigten Warenhausmitarbeiterinnen, und sind deshalb nicht wahlrelevant. Kein Wahlkämpfer tritt in ihre Arenen oder vor ihre Tore – es sind ja auch nur unscheinbare Türen, hinter denen sich das prekäre Leben von Künstlerinnen und Geisteswissenschaftlern verbirgt.

Die Zeit politischer Großlösungen und normierter Arbeitsverhältnisse ist jedoch unwiederbringlich vorbei. Die klassische Erwerbsarbeit schwindet, die Arbeitsplätze im kreativen Bereich und in NGOs nehmen zu. Diese Arbeit ist aber überwiegend nicht mehr in Betrieben oder Institutionen organisiert, sondern findet eher in Projektstrukturen statt. Konnte man das 19. und 20. Jahrhundert als das der Institutionalisierung und Normierung begreifen, dann ist das 21. Jahrhundert das Zeitalter der flexiblen und sich ändernden Projektstrukturen. Hier liegt die Arbeitsform der Zukunft, sie orientiert sich am Rollenmodell der künstlerischen und publizistischen Arbeitsformen, wie eine Studie des Wissenschaftszentrums Berlin belegt. Nach ihr wird flexible, in Netzwerken organisierte Beschäftigung mit schwankender Entlohnung bald keine Ausnahme mehr sein. Mit dem Grundeinkommen ließe sich die Arbeit in Projekten anders gestalten, denn heute ist diese Arbeit immer begleitet von angstbesetzten Hängepartien: Was passiert, wenn das Projekt vorbei ist? Wie ernähre ich mich in der Zwischenzeit, bis ich ein neues Projekt habe?

In unseren Veranstaltungen ist genau dieses verunsichernde »Dazwischen« oft Thema. Ein Grundeinkommen würde die Freiheit erhöhen, zu einem unsinnigen Auftrag, einem überflüssigen Design, einem ökologisch schädlichen Produkt nein zu sagen. Und die Freiheit, sich die Zeit dafür zu nehmen, dass Ideen reifen können. Das Grundeinkommen würde also auch die Qualität der Produktion steigern, weil mehr Zeit für sie zur Verfügung stünde. Vom Rande der Existenzfähigkeit befreit, könnte man konsequent den Abbau des einzigen verbleibenden – nachhaltig nutzbaren – Rohstoffs des 21. Jahrhunderts vorantreiben: der Kreativität.

Ermächtigung zur Selbstermächtigung

Der Begriff »Empowerment« stammt eigentlich aus der Sozialarbeit. Das englische Wort ist nur schwer ins Deutsche zu übertragen: »Ermächtigung«, »Selbstbefähigung«, »Stärkung von Autonomie und Eigenmacht« wären Übersetzungen, die der englischen Bedeutung nahe kämen. Mit der Idee des Empowerments verbindet sich das Ziel, Menschen zur Entdeckung eigener Stärken zu ermutigen und mit ihnen zusammen herauszufinden, wie sie ihr Leben selbstbestimmt und unabhängig gestalten. Auf eine kurze Formel gebracht, geht es um »die Ermächtigung zur Selbstermächtigung«.

Leider müssen sich heute alle, die von der Norm abweichen, und zunehmend auch Menschen, die im Sinne des Produktionsprozesses nicht »verwertbar« sind, als Last empfinden, da es ihnen permanent gespiegelt wird. Doch es gibt überall auch Beispiele dafür, dass sich im Arbeits- und Lebenszusammenhang auf die vorhandenen Fähigkeiten einer Person, also auf das, was sie *kann*, bezogen wird und nicht auf das, was sie *nicht kann*.

Das Konzept des Empowerments bedeutet eine grundsätzliche Umkehr im Denken. Es geht eben nicht um Anpassung an Norm und Normalität, ob körperlicher, geistiger oder kultureller Art. Auch nicht um ihre Kehrseite, die Wahrnehmung des Abweichenden als störend und defizitär. Empowerment meint: die Erstarrung des Denkens aufbrechen und stattdessen eine – Adrienne Goehler sagt dazu »verflüssigte« – offene Wahrnehmung der Vielfalt an Lebensformen und Lebensweisen zulassen.

Das Grundeinkommen ist die gesellschaftliche Basis für das individuelle Empowerment. Es ist eine (gesellschaftliche) Ermächtigung zur (individuellen) Selbstermächtigung: Indem die Gemeinschaft jedem Einzelnen die Existenz sichert, gibt sie ihnen allen das Startkapital, das eigene Leben selbst in die Hand zu nehmen. Das ist also ein gedanklicher Paradigmenwechsel, dessen Tragweite weit über das Finanzielle hinausgeht.

Ein Staat, der seinen Einwohnerinnen ein bedingungsloses Grundeinkommen zahlt, sorgt nicht mehr nur für die Bedürftigen, denkt nicht in Kategorien von Transferleistungen, sondern er sorgt für alle – und damit auch dafür, dass alle für sich selbst sorgen können. Aus einer Gesellschaft von Siegern und Verlierern könnte so eine Gesellschaft möglicher Gewinner werden. Dabei helfen die herkömmlichen Kategorien von autonom und abhängig nicht weiter, denn wir sind alle aufeinander angewiesen, uns in unserem Wissen, Können und unserer Empathie zu verbinden, da wir nicht wie Robinson Crusoe auf einer Insel leben.

9. KAPITEL

Bildung – unsere Zukunft!

Der Pisa-Schock und die freien Schulen

Der erste Pisa-Schock im Jahr 2000 weckte noch Hoffnung auf politische Veränderungen. Bei Eltern, Kindern und den Lehrenden war die produktive Unruhe spürbar. Ihr Gefühl, dass es nicht zum Besten mit der Schule steht, hatte endlich einen öffentlichen Ausdruck gefunden. Dabei ist Pisa im Grunde nur der Name für etwas Tieferliegendes. Die Studie markiert Bruchstellen zwischen einer Industriegesellschaft und dem, wofür wir nur so unzureichende Namen wie Wissens- oder Ideengesellschaft haben. Doch wie hat die Kultusministerkonferenz darauf reagiert – jene Versammlung in der die Bildungs- und Kultusminister aller Bundesländer zusammenkommen? Sie versuchte, der OECD-Schelte mit dem Rezept »Mehr vom Gleichen – das aber schneller!« zu begegnen. Mehr Deutsch, Mathematik und Lesen. In der Folge wurde lediglich der Leistungsdruck erhöht, aber keineswegs die Struktur verändert. Die beiden fatalsten Beispiele sind die Verordnung des Zentralabiturs und des Turboabiturs – die Reduzierung auf 12 Schuljahre, bei gleichbleibender Menge des Unterrichtsstoffs. Der Erziehungswissenschaftler Dieter Lenzen etwa schloss aus dem erschreckenden Pisa-Ergebnis für Deutschland, das Bildungssystem müsse effizienter werden: »Künftig werden Kinder früher zur Schule gehen, mit spätestens 17 ihr Abitur machen und mit 21 ihr Studium abschließen.« Und, möchte man sarkastisch anfügen, mit 22 arbeitslos sein.

Seit einiger Zeit kursiert ein treffender Ausdruck, der unser Bildungssystem mit dem Krankheitsbild der Bulimie vergleicht: Wissen reinstopfen und in Klassenarbeiten ausspucken. Bekanntlich bleibt dabei für Leib und Seele nichts zurück.

Kinder und Jugendliche werden sich in ihrem Leben ständig neu erfinden müssen. Die Arbeitswelt verändert sich so rasant, dass es die Arbeitsplätze, für die sie heute ausgebildet werden, morgen schon nicht mehr geben wird. Auf diese unsichereren Zeiten müssen Jugendliche vorbereitet werden. Im Rahmen einer Bildung, die ihre ästhetische Dimension nicht vergisst – und der Wahrnehmung und Gestaltung von Welt Raum gibt. Dennoch schreitet die Politik unbeirrt auf den Pfaden der veralteten Bildung voran, bei sinkenden Investitionen; bei den Bildungsausgaben liegt Deutschland unter dem OECD-Durchschnitt (laut OECD Studie September 2009) und, gemessen am Bruttoinlandsprodukt, sogar noch unter den Ausgaben von 1995. Das schlechte Abschneiden im OECD-Vergleich hat hierzulande nicht nur Erschütterung ausgelöst, sondern auch zu aktivem Handeln geführt. Zwar nicht bei der Politik, aber beim Volk: Wer es sich irgendwie leisten kann, entzieht sein Kind den staatlichen Schulen. Zwischen 1995 und 2006 hat die Zahl der Kinder in freien Schulen um ein Viertel zugenommen, und die Entwicklung schreitet voran. Bei Grundschulen beträgt die Steigerung sogar sechzig Prozent. Achtzig (!) Prozent aller Eltern, und zwar quer durch alle Bildungsstände und Einkommensgruppen, würden ihre Kinder in eine Privat- oder freie Schule geben und der staatlichen Regelschule entziehen, wenn sie denn könnten. Das ist sozusagen eine Abstimmung mit den Füßen – für mehr Aufmerksamkeit und mehr individuelles Eingehen auf die Fähigkeiten ihrer Kinder. Eltern wollen sich einmischen, Schule und Kindergärten mitgestalten, aber auch von den Schülern und Schülerinnen selbst gehen unzählige Impulse aus, Schule zu einem Ort kreativen Lernens zu machen – wovon etwa die Filme »Treibhäuser der Zukunft« eindrucksvoll zeugen. Sie handeln von Schulen, die an den Koordinaten von Raum und Zeit arbeiten, die dem Ort große Bedeutung geben, ihn aufladen: »Es sind Schulen, die die Zeit rhythmisieren und diesen industriellen 45-Minuten-Takt verlassen. Es sind Schulen, die auch aus den Kleinkriegen gegenseitiger Beschämung aussteigen und die die Feindschaft zwischen Schülern und Lehrern aufgekündigt haben«, so der Regisseur der »Treibhäuser« Reinhard Kahl. Seit einigen Jahren zeichnet zudem die Robert-Bosch-Stiftung Schulen aus, die sich selbst neu erfinden. Das Spektrum der freien Schulen, die häufig Ganztagsschulen sind, umfasst nicht nur Gymnasien, sondern zunehmend auch Kindergärten, Haupt- und Grundschulen und geht von konfessionellen Schulen über zweisprachige, antiautoritäre zu privaten, elitären Einrichtungen. Dabei räumt die Bildungsökonomin Katharina Spieß vom Deutschen Institut für Wirtschaftsforschung (DIW) mit dem Klischee auf, es handle sich bei denjenigen, die dem staatlichen Bildungsauftrag misstrauen, vor allem um Besserverdienende und ehrgeizige Akademikereltern. Sie kommt nach einer Befragung von 12 000 Haushalten zu dem Schluss, dass das Haushaltseinkommen nicht entscheidend sei, wohl aber der Bildungsgrad. Der Boom sei von Eltern ausgelöst worden, die selbst Abitur haben. Und ja, sie nehmen für ein stärkeres Eingehen auf die jeweiligen Fähigkeiten und Neigungen ihrer Kinder und eigene Mitwirkungsmöglichkeiten in Kauf, Schulgeld zahlen zu müssen. So beunruhigend diese Entwicklung im Hinblick auf eine weitere soziale Aufspaltung sein kann, so nachvollziehbar ist sie. Es braucht Wege, die Lehrmethoden von offenbar erfolgreichen Privatschulen auf öffentliche zu übertragen, um zu verändern, was OECD-ForscherInnen schon lange beobachten: Das deutsche Bildungssystem ist nicht mehr zeitgemäß und zutiefst ungerecht, was tatsächlich auch jeder so sieht, belegt durch das Meinungsforschungsinstitut Emnid 2008.

Entwicklungsbedürfnisse von Kindern und Jugendlichen werden immer individueller und differenzierter. Daher ist es eine Illusion zu glauben, dass eine einzige Art von Schule all diesen Anforderungen gerecht werden könnte. Vielmehr brauchen wir eine größtmögliche Vielfalt unterschiedlichster Formen von Schulen, aber auch Kindergärten und Kitas: hinsichtlich Lerngruppengrößen, Lernwegen und Lernmethoden. Damit kognitives, soziales, sinnliches und körperliches Lernen ermöglicht wird.

Vision der Vielfalt – Schule und Grundeinkommen

Auf dieser Grundlage beschäftigen wir uns schon länger mit der Frage, wie sehr ein bedingungsloses Grundeinkommen Kindheit und Schule verändern würde. Durch ein lebenslanges Grundeinkommen, »von der Wiege bis zur Bahre«, würde sich die Chance auf schulische Vielfalt deutlich erhöhen. Mit 1000 Euro stünden jedem Kind in Kindergarten oder Kinderbetreuung, Grund- oder weiterführender Schule ungleich mehr Möglichkeiten zur Verfügung.

Deutschland hat zwei Probleme: Es werden zu wenige Kinder geboren, und von diesen wenigen fallen erschreckend viele in Armut. Laut Bundesfamilienministerium sind im Jahr 2010 2,4 Millionen Kinder armutsgefährdet. Sie müssen lernen, mit der Angst umzugehen, ausgegrenzt zu werden. Kindern von Hartz-IV-Empfängern stehen täglich drei Euro zur Verfügung – für alles. Das schwarz-gelbe Sparpaket der Bundesregierung vom Juni 2010 sendet das Signal aus, lieber keine Kinder zu bekommen, es sein denn, man hat einen festen Job. Nach ihren Sparbeschlüssen, die den Hartz-IV-EmpfängerInnen das Elterngeld streichen, titelt der Berliner *Tagesspiegel*: »Dann lieber abtreiben«.

Würde das Grundeinkommen dieser Entwicklung nicht ein Ende setzen können? Auf der finanziellen Basis des Grundeinkommens könnten sich Kinder sicherer und willkommener fühlen, würden nicht Gefahr laufen, wie wachsende Kostgänger behandelt zu werden. Denn sie würden ja dann, wie alle anderen auch, ihre eigene Existenzgrundlage mitbringen.

Eltern wären keine Bittsteller mehr, die darauf hoffen müssten, dass sie nach soundso viel erbrachten Nachweisen vielleicht doch eine Bezuschussung zum Kindergartenplatz bekommen. Schule würde sich ändern. Radikal.

Für alle wäre dann möglich, was sich heute fast nur Angehörige des alten Bildungsbürgertums und der neuen kreativen Klasse leisten können: ihre Kinder freien Einrichtungen anzuvertrauen, weil es dort ein kindgemäßes Konzept, ein

Spezialangebot, einen besseren Betreuungsschlüssel gibt oder es ihrem Prestige zuträglich ist.

Mit einem Bildungsgutschein über zum Beispiel 500 Euro könnten – und müssten – Eltern sich überlegen, wo sie ihr Kind hinbringen. Hat die Kita um die Ecke das pädagogische Konzept, das ihnen einleuchtet, oder suchen sie etwas Spezielleres? Etwa die Einrichtung, die Türkisch und Deutsch, oder Arabisch und Deutsch gleichberechtigt als Lernsprachen anbietet? Den Kindergarten, der das Handwerk in den Mittelpunkt stellt oder die Musik oder die bildende Kunst?

Durch diese größere, differenziertere Nachfrage würden neue Schultypen entstehen – private oder staatliche, technisch oder künstlerisch orientierte –, die den neuen sozialen Realitäten entsprechen, vor allem der Tatsache, dass die Zahl der Kinder mit bikultureller Biographie zugenommen hat und weiterhin zunimmt. Alle Schulen würden gleichermaßen vom Kindergrundeinkommen profitieren – die häufig artikulierte Sorge, dass dann Eliteeinrichtungen solchen für arme Jugendliche gegenüberstünden, ist nachvollziehbar, aber unbegründet. Praktische Auswirkungen auf die Migrations-, Bildungs-, Jugend- und Sozialpolitik wären die Folge.

Verschiedene Schultypen würden den einzelnen Jugendlichen gerecht werden können. Sie würden intensiver wahrgenommen und wertgeschätzt werden. Schließlich fleht jeder Mensch »ewig um das angestammte Recht seiner Einmaligkeit, wie die Schneeflocke und der Fingerabdruck, die immer verschieden voneinander sind«, wie Yehudi Menuhin schrieb – auch oder gerade wenn ihm das reale Leben dies verweigert. Im legendären Jugendmusical *Linie 1* des Berliner Grips-Theaters heißt es alltäglicher: »Ick will jebraucht werden, vastehste?!«

Gewiss, die neue Vielfalt könnte zunächst eine Überforderung sein. Aber wir haben so viel Zutrauen zu den Menschen, dass sie nicht nur zwischen Hunderten von Modellen beim Autokauf entscheiden können, die unfassbar komplizierten Gebrauchsanweisungen von Elektrogeräten verstehen, die beste Software für ihre Computer auszuwählen in der Lage sind, sondern auch, ein Empfinden dafür entwickeln können, welches die beste pädagogische Einrichtung für ihre Kinder ist.

Kreativität durch Ausprobieren: »Lass es mich tun – ich werde es können«

Wahrnehmen, differenzieren und selbständig urteilen können – diese Fähigkeiten muss Schule fördern. Das pure Auswendiglernen wird den Anforderungen der Gegenwart nicht mehr gerecht. Gefragt ist Kreativität, von Einzelnen und in Gruppen. Wenn wir aus der Weltwirtschaftskrise etwas lernen wollen, dann, dass Gleichförmigkeit ausgedient hat. Auch hier gilt: Wir können es nicht mit den Methoden schaffen, die uns in eben diese Situation geführt haben.

Und dass experimentelles Denken und Handeln schon in Kindergärten und Schulen gelehrt werden müssen: »Erkläre es mir – ich werde es vergessen. Zeige es mir – ich werde es vielleicht behalten. Lass es mich tun – ich werde es können«, nichts verdeutlicht das, worum es in der Erziehung gehen muss, besser als jener Satz Voltaires.

Lernen ist mehr als Wissensaufnahme. Bildung ist prozessorientiert und setzt einen sich entwickelnden Menschen voraus, deshalb muss Schule auch in einem beweglichen Prozess bleiben, um entwicklungsfähig zu sein. Dieser Gedanke basiert auf der Bildung aller Sinne, auch des Bewegungssinns. Eine empfindende, wahrnehmende und gestaltende Bildung muss – um mit Hannah Arendt zu sprechen – in ein herstellendes Handeln münden können. Dieses befähigt Kinder und Jugendliche zum kreativen Umgang mit dem Verlust an herkömmlichen Strukturen, der auch das Finden und Erfinden neuer Lebens- und Arbeitstätigkeiten einschließt. Eine Fähigkeit, die künftig im Übermaß verlangt sein wird. Fachleuten ist außerdem bekannt, dass die ästhetische Bildung völlig im Schatten der »Pisa-Themen« liegt, die rund um das Training der kognitiven Fähigkeiten kreisen und auf »lernenden Nachvollzug« gerichtet sind. Der Neurobiologe Wolf Singer hat nicht nur große Defizite im Bereich der musischen Fächer Tanzen, Musik, Gestalten, Zeichnen, sondern auch in der Vermittlung von Mimik und Gestik festgestellt. Diese Ausdrucksmittel aber seien »im Dialog, im Dechiffrieren dessen, was die anderen bewegt«, von unschätzbarem Wert.

Diesem Ziel genau entgegengesetzt ist zum Beispiel der »Bildungsmonitor 2009« des deutschen Arbeitgeberverbands Gesamtmetall, der als notwendige Veränderung von Schulen vor allem marktwirtschaftliche Kriterien wie Zeit- und Kosteneffizienz heranzieht – nach der Logik: je kürzer die Verweildauer an den Schulen, »umso länger kann das erworbene Humankapital (!) ertragreich auf dem Arbeitsmarkt eingesetzt werden«.

Dort hingegen, wo die klassische Aufteilung von Schule in Module von 45 Minuten verlassen wird und »Dritte« wie zum

Beispiel Künstlerinnen und Wissenschaftler in den Unterricht einbezogen werden, erschließen sich völlig neue Erfahrungen. An der Helene-Lange-Schule in Wiesbaden wird zum Beispiel über Wochen hinweg zusammen mit Künstlerinnen ausschließlich Theater gespielt. Die Erkenntnis dieses inzwischen etablierten Experiments, das auch von anderen Schulen aufgenommen wurde, ist: Wegen des Schauspielens – und nicht trotz – sind die sozialen und künstlerischen Kompetenzen der jungen Menschen gestärkt worden, und auch die kognitiven Leistungen haben sich durch das Spiel verbessert: Lass es mich tun – ich werde es können.

Auch der Tanz integriert Kinder und Jugendliche – gerade solche, die aus Familien aus einem anderen Sprachhintergrund stammen. Im klassischen Frontalunterricht, der, in Deutsch gehalten, auf reine Wissensvermittlung zielt, werden sie abgehängt, im körperlichen Ausdruck blühen sie auf, lernen, »eine Arbeit um ihrer selbst willen gut zu machen«, mit Eigeninitiative, Hingabe, Lust an der Wiederholung. Das alles finden wir im Spiel der Kinder.

Das Handwerk muss in der Schule ebenfalls eine größere Rolle spielen. Es nährt sich aus dem erprobenden Charakter des Spiels, das Grenzen wissentlich überschreitet und damit das Bewusstsein konzentriert. Es schafft in der Hingabe und seinem übenden Charakter selbst Phantasie, Erfindungsgabe und Möglichkeiten der Emanzipation. Nicht das Problemlösen steht im Mittelpunkt, sondern das Umgehen mit Problemen, das Nachdenken, die Fähigkeit, etwas von allen Seiten zu betrachten. Dies führt zu neuen Entdeckungen, weil dem Gegenstand spielerisch Raum und Zeit gegeben wird. Nach Richard Sennett ist das handwerkliche Arbeiten nicht bloß geschlechterkonformes Kochen und Töpfern, sondern auch die kollektive Arbeit an der freien Software Linux oder an der Erstellung der Online-Enzyklopädie Wikipedia. Hier hätte man sich gewünscht, er hätte Design, Mode und Architektur mit hinzugenommen – Branchen, in denen meist im Team an gemeinsamen Aufgaben gearbeitet wird.

Ein Vorteil dieser Aufmischung von Schule durch andere Berufsgruppen liegt auch in der Verbesserung der prekären Lebens- und Arbeitsbedingungen der Mehrzahl der Künstler, Wissenschaftlerinnen oder Handwerker. Es würde ihnen ein zweites – temporäres – ökonomisches Standbein verschafft.

Im Vokabular der Unternehmensberatungen wäre das eine klassische »Win-win-Situation«, das heißt, alle Beteiligten hätten etwas davon. Und es ist auch erkennbar, dass gerade oft Künstlerinnen, und eben nicht die dafür ausgebildeten Kunstlehrer, große Lust haben, sich in Schule einzumischen, Neues auszuprobieren und sich für zeitlich begrenzte Projekte zu begeistern. Sie kommen von außen, verkörpern eine Welt, in der Wissen und Handeln konkret eingesetzt werden.

Solche Veränderungen können in jeder einzelnen Schule eingeleitet werden. Denn Lehrpläne sind nur richtungsweisend und nicht als Gesetzestext zu verstehen. Die Schulleitung übernimmt die Verantwortung, dass die Anforderungen alles in allem eingehalten werden. Die Schulbehörden sind heute noch eher misstrauisch. Doch Jahr für Jahr lassen sie sich mehr von den Erfolgen dieser selbständigen Schule überzeugen – in der nicht, wie manch einer fürchtete, jeder macht, was er will, sondern in der immer mehr Schüler und Lehrerinnen tatsächlich etwas wollen: so gut wie möglich offen mit neuen Wegen kreativen Lernens umgehen.

Von Reformern lernen

Der radikalste Gegenentwurf zur preußischen Erziehung waren im letzten Jahrhundert tatsächlich die Ansätze der Waldorf-Pädagogik. Sie haben vom Grundsatz nichts an Aktualität verloren.

Mädchen und Jungen jeder Herkunft sollten gemeinsam mindestens zehn Jahre lang kognitive ebenso wie soziale und künstlerische Fähigkeiten entwickeln, ohne Noten und ohne Sitzenbleiben. Gelernt wird in Zusammenhängen, Epochen, statt in nacheinander aufgereihten Fächern, zwischen denen es keine Verbindungen gibt. Die Kernfrage damals wie heute lautet: Wie kann ich anregen, dass die Aktivität von den Schülern ausgeht? Das kann nur passieren, wenn die Schule eine neue Kultur der Aufmerksamkeit im Umgang mit ihren Arbeiten schafft.

Freie Schulen orientieren sich heute an den verschiedensten reformpädagogischen Ansätzen. 1993 entschied die Karl-Liebknecht-Oberschule in Potsdam, Kinder und Jugendliche mit Behinderungen im gemeinsamen Unterricht zu integrieren. Daraufhin wurden die Prinzipien der Montessori-Pädagogik allmählich in immer mehr Klassen und Jahrgangsstufen eingeführt. Die im Jahr 2000 in Montessori-Schule-Potsdam umbenannte Schule war über sechs Jahre Schauplatz eines Schulversuchs des Landes Brandenburg – der von WissenschaftlerInnen der Universitäten Potsdam, Halle und Bielefeld begleitet wurde. In dessen Zentrum standen Formen der Leistungsdokumentation und der Unterricht in jahrgangsgemischten Gruppen, bis zur 8. Klasse. Der Schulversuch wurde Ende 2004 erfolgreich abgeschlossen, seitdem hat die Schule den Status »Schule mit besonderer Prägung« durch das Bildungsministerium erhalten und kann die bewährten Bewertungs- und Organisationsformen abweichend von schulgesetzlichen Vorgaben fortführen. Schon die Kleinsten halten Vorträge, Noten gibt es bis zur 8. Klasse nicht – wie im Schulmusterland Schweden. Bis dahin wird auch eine der Grundideen aus der Reformpädagogik verwirklicht: in altersgemischten Gruppen voneinander zu lernen, zusammenzuleben und sich gegenseitig zu unterrichten wie Geschwister.

Erst ab dem neunten Jahrgang lernen die SchülerInnen in altershomogenen Gruppen und werden im Hinblick auf die drei relevanten Abschlüsse nach Klasse 10 mit Zensuren beurteilt und in einigen Fächern fachleistungsdifferenziert unterrichtet.

In der Montessori-Gesamtschule engagieren sich auffallend viele Eltern, die Unternehmer oder Freiberuflerinnen sind. Sie teilen ihre Ziele mit Schulleitung und Lehrern: das Selbstbewusstsein der Kinder stärken, eine Arbeitshaltung vermitteln und eine Atmosphäre erzeugen, »in der die unendliche Individualität jedes Kindes respektiert wird«, wie Christoph Miethke, einer der Förderer der Schule, es formuliert. »Und Zusammenarbeit!«, schickt er hinterher. Damit haben die Eltern selbst angefangen. Sie veranstalten regelmäßig pädagogische Seminare, zu denen auch am Wochenende 60 Mütter und Väter kommen. Oder sie bieten eine Woche lang selbst Unterricht an, damit die Lehrer in dieser Zeit neue Projekte vorbereiten können. Eltern präsentieren, was sie gut können. »Anschließend war unserer Respekt vor der Lehrerarbeit enorm gewachsen«, sagt Miethke.

Der Filmemacher Reinhard Kahl resumiert in der *Zeit*: »Am beeindruckendsten sind in dieser Schule die Gesichter der Schüler. Diese Schönheit beim Erwachen und allmählichen Erwachsenwerden von Intelligenz ist ein unschlagbares Argument. Kein Wunder, dass mancher, der das gesehen hat, (nach Potsdam) umzieht.«

Humanistische Bildung revisited

Kreativität ist die Ressource des 21. Jahrhunderts und ist daher nicht als Exklusivgut oder Feierabendbeschäftigung zu verstehen.

Entscheidend ist vielmehr der freie Zugang zu einer Bildung und einer Umgebung, die Kreativität als jeder und jedem Einzelnen innewohnende Fähigkeit versteht, die es zu entfalten gilt.

Das autonome Individuum ist einer der Zentralbegriffe der bürgerlichen Aufklärung – ein Individuum, das sich aus eigenem Antrieb bilden und erweitern, das Weltbürger sein will. Für Wilhelm von Humboldt ist es der Dreh- und Angelpunkt seines Bildungsideals: »So viel Welt als möglich in die eigene Person zu verwandeln, ist im höheren Sinn des Wortes Leben.« Was könnte in der globalisierten Welt aktueller sein?

Ohne Leidenschaft läuft alle Pädagogik ins Leere. Der Bologna-Prozess, die Vereinheitlichung, ja Industrialisierung der Wissensvermittlung, erstickt jegliche Leidenschaft, die schon Humboldt einforderte und heute dringlicher denn je gebraucht wird. Je mehr staatliche Kontrolle und Vorschriften, je weniger Freiraum für Begeisterung, desto einförmiger die AbsolventInnen der Bildungsinstitutionen.

Forschung und Lehre sollten von staatlichen Forderungen und Auflagen einengender Art freigehalten werden. Universitäre Bildung sollte eben keine berufsbezogene, sondern eine von schnelllebigen und deshalb schnell überholten wirtschaftlichen Interessen unabhängige Ausbildung sein.

Wir brauchen anschlussfähiges Orientierungs- und Überblickswissen, Kreativität und Improvisationstalent: Wissen, das dem Einzelnen nützt und ihn in die Lage versetzt, die eigene Kreativität zu entwickeln. Humboldt hat es zu seiner Zeit Mannigfaltigkeit genannt, heute nennen wir es Vielfalt.

Den Lehrberuf neu denken

Doch sind unsere LehrerInnen der Herausforderung und Chance, die eine Bildungsvielfalt bedeutet, gewachsen? Zuallererst fehlt ihnen die gesellschaftliche Wertschätzung. Zusammen mit Politik und Polizei zählt der Lehrberuf zu den unbeliebtesten Berufsbildern. Im Gegensatz zu beispielsweise Finnland, dem Pisa-Paradies, wo der Lehr- und Vermittlungsberuf eine hohe Wertschätzung genießt – wer ihn studieren will, muss zu den Besten eines Jahrgangs gehören. Da müssen wir in Deutschland perspektivisch hin. Hierzulande tragen die Absolventen eines Lehramtstudiums häufig noch den Stempel auf der Stirn, in ihrer jeweils studierten Fachdisziplin Zweite Klasse zu sein. Die Lehramtsstudierenden werden von den forschenden Kommilitonen belächelt. Ihnen wird die Ernsthaftigkeit abgesprochen, sich in das jeweilige Fach wirklich einarbeiten zu wollen.

Das gilt besonders für die kreativen Fächer wie Kunst und Musik. Wer an einer Kunstakademie oder Musikhochschule auf Lehramt studiert, erlebt bald den Makel und Selbstzweifel, kein »richtiger« Künstler, keine »richtige Musikerin« zu sein; eine, die mit einem Sicherheitsnetz des möglichen Beamtentums arbeitet und sich nicht völlig der Kunst hingibt. An den Hochschulen wird diese Trennung kultiviert und zementiert. Es bräuchte auch hier Durchlässigkeiten. Es ist fatal, dass sich die Studierenden bereits bei ihrer Einschreibung, also meistens unmittelbar nach dem Abschluss ihrer eigenen Schulzeit, entscheiden müssen zwischen »Lehramt« und »freier« forschender Tätigkeit. Und häufig fügen sich die Lehramtsstudierenden diesen Erwartungen, reduzieren ihre Art der Wissensaufnahme auf konkret Verwertbares. Bildung im umfassenden Sinn ist etwas anderes.

Hier liegt eines der Grundprobleme unseres Schul- und Bildungssystems. Aus den pragmatischen, teils eingeschüchterten Studierenden werden LehrerInnen. Solche, die das Bildungssystem in ihrem Leben nie verlassen, nie über Schule und Hochschule hinausgehende Erfahrung gemacht haben – auch der Anteil der Lehramtstudierenden, die ein Erasmus-Jahr im Ausland verbringen, ist deutlich geringer als etwa bei ihren diplomierenden Kollegen. Sie sind zur Schule gegangen, von der Schule an die Uni und von dort übers Referendariat wieder zurück an die Schule. So entwickelt man sich nicht zum Weltbürger. Wie kann es sein, dass unsere Kinder und Jugendlichen fürs Leben lernen sollen und in den Bildungsanstalten vorwiegend von Menschen unterrichtet werden, die das Leben »draußen« gar nicht kennen?

Sechzig Prozent der Lehrer stehen kurz vor dem psychischen und physischen Kollaps, ergab eine breitangelegte

Studie, die der Deutsche Beamtenbund und die ihm angeschlossenen Lehrerverbände 2006 publizierten. Die Hälfte der überlasteten Pädagogen neigt der Studie zufolge dazu, sich »exzessiv zu verausgaben«, kann sich aber gleichzeitig nicht mehr ausreichend erholen. Von einer wachsenden Leistungsfähigkeit mit zunehmendem Alter kann nicht die Rede sein.

Wir brauchen andere Modelle, die ein Rein- und Rausgehen aus Schule ermöglichen. Das meint etwas anderes als Fort- und Weiterbildungsmaßnahmen zur Aufrechterhaltung einer lebenslangen Verpflichtung. Zum Beispiel sechs Jahre Schule, drei Jahre etwas anderes, dann wieder Schule; ein weiteres Modell wäre, dass manche Lehrer nebenbei einen zweiten Beruf ausüben und nur ein Fach unterrichten – und zwar das, in dem sie neben der Schule tätig sind: der Verlagslektor unterrichtet Deutsch, die Botanikerin Biologie. Solch ein Umdenken wäre zum Nutzen aller und ließe sich mühelos für sehr viele Berufsfelder vorstellen. Nebenbei könnte das auch zu ökonomisch interessanten Modellen für Mischexistenzen führen, die ja, wie gezeigt, zunehmen.

Ein bedingungsloses Grundeinkommen würde die gesellschaftlichen Rahmenbedingungen vor allem dahingehend verändern, dass es ganz von selbst weniger »Lebenslängliche« gäbe. Forschung und Lehre würden freier, der universitäre Betrieb lebendiger, durchlässiger.

Bologna – die Industrialisierung des Wissens

Der sogenannte Bologna-Prozess wurde 1999 von 29 europäischen Staaten beschlossen. Sein Ziel ist es, europaweit ein einheitliches Hochschulwesen zu installieren und (angeblich) mehr Praxisorientierung zu gewährleisten. Dafür werden Bildungseinheiten in Module zerlegt, die dann nach einem komplizierten Kreditpunktesystem zu diversen Studienabschlüssen montiert werden können – Master oder Bachelor. Die Politik will damit nicht etwa Studierende zu klugen oder zukunftsfähigen selbstbewussten und selbstverantwortlichen, kurz lernfähigen BürgerInnen machen. Das Ziel heißt vielmehr: Förderung von Mobilität, von internationaler Wettbewerbs- und Beschäftigungsfähigkeit. Hier werden Menschen für den Wirtschaftsmarkt kompatibel gemacht.

Vielleicht ist es ein Glück, dass es vielerorts an der Umsetzung hapert; denn so kommt es wenigstens verspätet zu Diskussionen, ob dieser Prozess in dieser Form wirklich politisch gewollt sein kann und was man mit der Tatsache anfangen soll, dass die Mobilität der Studierenden zurückgegangen ist auf einen Stand der sechziger Jahre. Denn Studierende, die im neuen System unter Zeitdruck von einem Modul zum nächsten hetzen, leiden unter Überforderung und Stress – zumal sie obendrein für dieses industrialisierte Bildungsangebot auch noch Studiengebühren bezahlen müssen.

Der österreichische Philosoph und Literaturkritiker Konrad Paul Liessmann hat das Phänomen Bologna mit seinem Punktesystem, Bachelor und Master, in deutlichen Worten kritisiert: »Es steht für Maschinendenken, für die Vorstellung, dass das, was mit einer Maschine geht, auch im Kopf klappen muss. Das ist die letzte große Schlacht des Industrialismus: Bildung als Ganzes industrialisiert, genormt, standardisiert. Da haben wir die Modularisierung von Studien, die dem Muster funktional differenzierter Fertigungshallen gehorchen. Die Einführung der sogenanten ECTS-Punkte (European Credit Transfer and Accumulation System), die die Leistung eines Studenten messen sollen. Eine Norm, die bis ins Detail von Industrienormen abgeleitet wird. Nichts stört so sehr wie die individuelle Abweichung. Das ist klassisches Maschinendenken.«

Während Immobilienblasen platzen, die Weltwirtschaft kollabiert, die Klimakatastrophe dringend neuer Lösungsansätze bedarf, sind die Hochschulen seit der Einführung von Bologna ausschließlich mit sich selber beschäftigt. Es grenzt an Selbstnarkotisierung. Sie evaluieren sich zu Tode. Und – um mit Hans-Peter Dürr zu sprechen, dem Physiker und langjährigen Direktor des Max-Planck-Instituts für Physik in München – es ist eben nicht so, wie oft behauptet, dass wir mit der Reform eine Wissensgesellschaft anstreben oder sogar erreichen würden. Vielmehr sind wir durch sie zu einer Datensammlungsgesellschaft geworden.

Doch nicht nur von außen wird Bologna heftig kritisiert, sondern auch von innen. In Mainz hat der Theologieprofessor Marius Reiser 2009 aus Protest gegen den Bologna-Prozess seinen Lehrstuhl niedergelegt. Er schildert seine Erfahrungen: »Zu Humboldts Zeit dominierte noch ein Universitätsmodell, in dem alles an der Nützlichkeit ausgerichtet war und in dem die Berufsbildung die Hauptsache sein sollte – genau das, was heute im Zuge des Bologna-Prozesses als so schrecklich modern und zukunftsträchtig gilt.

Und jetzt spannt man uns wieder das abgehalfterte Pferd aus dem 18. Jahrhundert vor den Karren und nennt das, wogegen Humboldt sich vor 200 Jahren gewehrt hat, unsere Zukunft.«

Die Studierenden erleben sich als kleinste Rädchen im Getriebe einer auf Verwertbarkeit und Ökonomie getrimmten Leistungsgesellschaft. »Viele Bachelor-Studenten leiden unter Depressionen« oder daran, »vor lauter Angst nicht lernen zu können«, zitiert der *Spiegel* im September 2009 einen Psychologen aus der Studienberatung Münster. Der Deutsche Hochschulverband, der rund 23 000 ProfessorInnen und wissenschaftliche MitarbeiterInnen vertritt, forderte bereits im Sommer 2008 eine Reform der Reform – bis hin zum Teil-Moratorium. Die grundsätzliche Tendenz des Bologna-Prozesses sei die völlig falsche. Denn statt möglichst viele Menschen für die neue Wissens- und Kulturgesellschaft zu befähigen, werde in den neuen Bachelor- und Masterstudiengängen das Selektionsprinzip der Schulen fortgeführt. Nur dreißig Prozent der besten Bachelor-Absolventen dürfen ein Master-Studium anschließen – der Leistungsdruck ist enorm. Das allgemeinbildende Studium ist zur Jagd auf Creditpoints verkommen, bei dem ökonomische Effizienz mehr zählt als kritischer Verstand oder gar Vernunft.

Natürlich ist Bildung nicht Selbstzweck, sondern auch ein wichtiger Wirtschaftsfaktor. Einer der wortgewaltigsten Präsidenten der Hochschulrektorenkonferenz, Klaus Landfried, hat das ökonomische Potential des Wissenschaftsbetriebs betont: Ohne Innovationen aus der Forschung entstehen keine neuen Produkte und Dienstleistungen, auch keine hochqualifizierten Arbeitskräfte, deren Wissen und Können für Unternehmen wichtiger sind als Geld. Hochschulen schaffen

Arbeitsplätze und ziehen weitere Institutionen nach sich, die weitere Arbeitsplätze schaffen. Auch die kulturelle Ausstrahlung von Hochschulen stärkt über eine höhere Lebensqualität die wirtschaftliche Anziehungskraft einer Region.

Mit dieser Feststellung macht Landfried zugleich deutlich, dass ökonomische Bedeutung der Wissenschaft nicht gleichzusetzen ist mit ihrer Ökonomisierung, die die Räume für Forschung und Entwicklung immer enger macht. Der Wirtschaftlichkeitswahn bremst die dringend notwendige experimentelle Weiterentwicklung von Wissen aus. Die Freiheit universitärer Forschung wurde in Jahrhunderte währenden Kämpfen errungen. Heute müssen Forscherinnen ihre Ideen innerhalb von Wochen und Monaten mundgerecht und präzise ausarbeiten, um Drittmittel anwerben zu können, die ihnen überhaupt erst die Weiterarbeit ermöglichen.

Sowohl für den akademischen als auch für den kulturellen Bereich sowie für zahlreiche politische, soziale und wissenschaftliche Projekte unterschiedlichster Art gilt: Anträge auf staatliche Mittel sind oft so umfangreich, dass sie Monate Arbeitszeit in Anspruch nehmen. Ihre Bewilligung dauert ebenfalls oft Monate. Wer solche Anträge nicht von einer festen Stelle aus schreibt, ist in dieser Zeit ohne Einkommen. Erst mit einem bedingungslosen Grundeinkommen könnte man sich das leisten, denn man braucht eben ein Einkommen, um arbeiten zu können, und nicht umgekehrt.

Eine in diesem Zusammenhang hübsche Anekdote erzählt der Soziologe Niklas Luhmann im Vorwort seines Buches »Die Gesellschaft der Gesellschaft«: »Bei meiner Aufnahme in die 1969 gegründete Fakultät für Soziologie der Universität Bielefeld fand ich mich konfrontiert mit der Aufforderung, Forschungsprojekte zu benennen, an denen ich arbeite.

Mein Projekt lautete damals und seitdem: Theorie der Gesellschaft; Laufzeit: dreißig Jahre; Kosten: keine.«

Man stelle sich vor, Luhmann hätte diese Forschungsbeschreibung vierzig Jahre später angegeben. Der Welt wäre wohl eine bedeutende Theorie zur Funktionsweise von gesellschaftlichen Organisationen vorenthalten geblieben, die nicht nur in der Soziologie und Psychologie, sondern auch in Wirtschaft und Management weltweit Beachtung und Anwendung findet.

Hätte Hochschule sich schon immer ausschließlich zwischen den Extremen der Exzellenzcluster auf der einen und der Massenabfertigung der Bachelor- und Masterstudiengänge auf der anderen Seite bewegt, wären deutlich weniger kluge Köpfe aus ihnen hervorgegangen. Viele der Akademiker, die Universitäten heute stolz in ihrem Namen tragen, wären in den restriktiven gegenwärtigen Verhältnissen womöglich sogar in der Arbeitslosigkeit gelandet.

Ein Schicksal, das im 21. Jahrhundert immer mehr Hochschulabsolventinnen blüht – und das durch das bedingungslose Grundeinkommen abgewendet werden könnte.

Wenn man seine eigene gesicherte Existenz in Forschungsprojekte einbringen könnte, wäre man nicht mehr den getakteten Forschungszeiträumen unterworfen, die Forschung häufig im Sande verlaufen lassen, weil es keine Nachfolgeförderung mehr gibt. Es würden andere Rhythmen entstehen. Forschungsprojekte wären dann zu Ende, wenn sie inhaltlich ausgeschöpft sind, und nicht weil der Bewilligungszeitraum ausgelaufen ist. Der akademische Nachwuchs könnte sich länger an Universitäten binden oder auch nach Jahren der Praxis wieder in die Forschung zurückkehren, er wäre nicht auf Zweijahresverträge angewiesen und könnte sogar eigenes

Geld mitbringen, um sich die Forschungsarbeit an seiner Alma Mater zu finanzieren. Kurz: Es wären ganz andere Forschungswege und -verhältnisse denkbar.

Verschleuderung von Steuergeldern

Weil es aber noch kein Grundeinkommen gibt, werden erwerbslose Hochschulabsolventen durch die Hartz-IV-Gesetzgebung in die absurdesten Situationen hineinmanövriert, die keinen anderen Nutzen zu haben scheinen, als Steuergelder zu verschleudern.

Im Januar 2010 ereignete sich in einem Jobcenter in Berlin folgende denkwürdige Geschichte: Morgens um acht Uhr holt Susanne H. ihr Zertifikat ab, das ihr bescheinigt, eine vierwöchige »Einstiegstrainingsmaßnahme« absolviert zu haben, zu der das Jobcenter ihres Bezirks die Hartz-IV-Empfängerin verpflichtet hatte. Vier Wochen lang war sie vier Stunden täglich darüber unterrichtet worden, wie man einen Lebenslauf erstellt, im Internet nach Stellen sucht, Bewerbungsschreiben verfasst und welche Kleidung einem Bewerbungsgespräch angemessen ist.

Am Abend desselben Tages erhält Susanne H. eine Auszeichnung: für die beste Dissertation der juristischen Fakultät – mit dem Thema »Das Bundesverfassungsgericht und die Politik – ein Verhältnis im Wandel der Zeit«. Damit besitzt sie nun zwei Dokumente, die ihr bescheinigen, dass sie gleichzeitig »ganz unten« und »ganz oben« angekommen ist: Das Zertifikat des Jobcenters und die Auszeichnung der Fakultät tragen dasselbe Datum. Vom Jobcenter musste sie sich erst die Genehmigung einholen, für die Entgegennahme der Auszeichnung die Stadt verlassen zu dürfen.

Beim Sektempfang nach der Verleihung der Urkunde traut sie sich, von ihrer Erfahrung mit der Arbeitsagentur zu berichten. Zu ihrem großen Erstaunen löst diese Erzählung bei den Umstehenden keineswegs Entsetzen oder Bedauern aus. Im Gegenteil, jeder in der Runde kannte eine oder einen, die oder der Ähnliches erlebt hatte. Entrüstung hingegen löste ihre Ankündigung aus, sie wolle den akademischen Betrieb ganz verlassen, weil sie es ablehne, ihre Habilitationsschrift heimlich durch Hartz IV zu finanzieren. Sie will ihr Forschungsvorhaben dem Amt gegenüber nicht geheim halten müssen – da wissenschaftliche Arbeit ja nicht förderungswürdig ist – und eben auch nicht die Tortur sinnloser Maßnahmen über sich ergehen lassen. Den psychischen Anforderungen dieser geforderten Unaufrichtigkeit ist sie nicht gewachsen.

Immer mehr Privatdozenten und Lehrbeauftragte, ohne die kaum noch eine deutsche Universität existieren könnte, können von den Honoraren nicht leben und beziehen Hartz IV. Die unterfinanzierten Universitäten profitieren von dieser Art staatlichen oder privaten Zuschusses, weswegen sie derlei nur selten thematisieren. Indem Akademiker bereit sind, auf der Grundlage von Hartz IV zu promovieren oder sich zu habilitieren, tragen sie mit ihrer Arbeit einen nicht unerheblichen Teil zur Forschungsleistung ihrer Universität bei, ohne dafür von dieser vergütet zu werden. Im Gegenteil: Nach der Fertigstellung von Dissertationen und Habilitationen fließen nicht selten private Ersparnisse in den Druck der Werke; hinzu kommen Vorträge auf Konferenzen, Tutorien und Lehraufträge, für die sie ebenfalls selten mehr als ein niedriges Anerkennungshonorar bekommen, die aber selbstverständlich zu den Aufgaben des Forschungsnachwuchses gehören. Selbst die Arbeit der (Privat-)Dozenten entpuppt sich – wenn man die pauschalen Honorare auf den Stundenlohn herunterrechnet – oft als akademische Variante des Ein-Euro-Jobs. Im Resultat müssen die Eltern nach wie vor zuschießen.

Wäre das für Guido Westerwelle eigentlich Betrug am Sozialsystem? Beugung der Hartz-IV-Kriterien? Erschleichung von Bildungsförderung? Oder ist es nicht viel eher Verschwendung von Steuergeldern, von denen Susanne H.s universitäre Ausbildung finanziert wurde, wenn sie sich mit ihrem erworbenen Wissen und ihrem Forschungsdrang nicht habilitieren darf, weil es die Hartz-IV-Gesetzgebung nicht erlaubt?

Es fällt nicht schwer, sich vorzustellen, dass Susanne H. mit ihren Fähigkeiten anderes anzufangen wüsste als das, was ihr das Jobcenter rät. Ausgestattet mit einem Grundeinkommen von den angenommenen tausend Euro, könnte sie es in einen selbstgewählten Arbeitszusammenhang mitbringen oder ihrer Liebe zur wissenschaftlichen Forschung folgen.

10. KAPITEL:

Sozialstaat im Wandel – Gesellschaft im Fluss

Es war einmal ... – der Generationenvertrag

»Kinder kriegen die Leute immer«, ist einer der berühmten Sätze Konrad Adenauers, des ersten Kanzlers der Bundesrepublik Deutschland. Der Satz fiel 1957 in den politischen Auseinandersetzungen über eine erschreckende Realität in Zeiten des Wirtschaftswunders: Altersarmut. Die Rentenzahlungen waren karg und weitgehend steuerfinanziert, eigene Rücklagen hatten die wenigsten.

Bei Thema Renten geht es immer um die Frage, wie man fürs Alter vorsorgt, also für eine Zeit, in der man nicht aus eigener Kraft Einkommen erwirtschaften kann. Die eine Variante ist, einen gewissen Betrag seines Einkommens zurückzulegen – solange man kann – und im Alter vom Ersparten zu leben. Dieses Prinzip der kapitalgedeckten Altersvorsorge birgt allerdings die Gefahr, dass das Geld in den Jahren, in denen man es benötigt, weniger wert ist als an jenem Tag, als man es einzuzahlen begann – wegen der Inflation oder Entwertung. Oder man hat unter politischen Entscheidungen zu leiden – wie die Rentner in den 1950er Jahren. Damals hatten die politischen Machthaber die gutgefüllten Rentenkassen geplündert, um Kriegskosten zu begleichen.

Die zweite Variante der Vorsorge ist sicherer. Man muss nur rechtzeitig jemanden finden, der sich verpflichtet – aus welchen Gründen auch immer –, im Alter für einen zu sorgen, etwa weil er oder sie dankbar ist für die Erziehungsarbeit, die man geleistet hat, oder weil man sie oder ihn als Erben eingesetzt hat. In der Agrargesellschaft – und bis heute auf den noch wenigen Großhöfen – war es bei den Bauern üblich, den Hof dem ältesten Sohn zu überlassen, mit der Verpflichtung, für die Eltern bis zu ihrem Tod zu sorgen. Im Zuge der Industrialisierung verringerten sich mit den landwirtschaftlichen Existenzgrundlagen schon im 19. Jahrhundert auch die möglichen Vermächtnisse der Alten an die Jungen und umgekehrt die Grundlagen für das Versprechen der Jungen, sich um die Alten zu kümmern. Wer in der Fabrik mit Mühe sein Auskommen erarbeitete, schuf keine wirtschaftliche Basis, auf der die Kinder aufbauen konnten. Im Gegenteil: Die Verhältnisse waren so erbärmlich, dass diese noch ihr gesamtes Leben dafür arbeiteten, die Großfamilie – also auch Eltern und Großeltern – über Wasser zu halten.

Als sich gegen Ende des Jahrhunderts die Notlage vieler Menschen so sehr verschlimmerte, dass mit Umsturz und Revolution zu rechnen war, ergriff der damalige Reichskanzler Otto von Bismarck zur Sicherung des sozialen Friedens die Initiative: Mit einer staatlichen Sozialpolitik wollte er die Lage der Arbeiter verbessern und so vor allem den Einfluss der Sozialdemokratie zurückdrängen, die seine Macht im Kaiserreich gefährdete. Unter ihm wurden deshalb in den 1880er Jahren nicht nur eine Kranken- und eine Unfallversicherung, sondern auch eine Alters- und Invalidenrente eingeführt. Die Bismarck'sche Alters- und Invaliditätsversicherung von 1889 basierte auf dem Prinzip der kapitalgedeckten Altersvorsorge: Jeder Arbeiter über 16 Jahre (mit einem Einkommen bis zu 2000 Mark im Jahr) musste einen Teil seines Einkommens als Alterssicherung zurücklegen. Im Gegenzug bekam er mit der Vollendung des siebzigsten Lebensjahres – allerdings nur, wenn er dreißig Jahre lang eingezahlt hatte – eine Rente bewilligt, deren Höhe sich nach dem Verdienst eines Arbeiters richtete. Träger der Versicherung wurden die neu geschaffenen Landesversicherungsanstalten. Diese wurden durch geteilte Beiträge der Arbeitnehmer und Arbeitgeber und einen Reichszuschuss von fünfzig Mark im Jahr finanziert.

Die Bismarck'schen Sozialgesetze waren heftig umstritten, denn bislang hatte sich der Staat völlig aus allen sozialen Angelegenheiten herausgehalten. Jeder hatte für sich selbst sorgen müssen. Die aktuellen Diskussionen über eine gesetzliche Krankenversicherung in den USA wurden Ende des 19. Jahrhunderts hierzulande geführt: Die Liberalen stellten sich – ganz wie heute noch – gegen jede Form staatlicher Unterstützung. Sie forderten Freiheit und Selbständigkeit der Arbeiter, nach dem Motto »Hilfe durch Selbsthilfe«. Die Unternehmer befürchteten, durch die Mehrbelastung Gewinneinbußen zu erleiden, und die katholische Zentrumspartei klagte, dass die staatliche Hilfe die christliche Pflicht zur tätigen Nächstenliebe unterhöhle. Dis Diskussionen zogen sich über fast zehn Jahre hin, doch am Ende setzte Bismarck sich durch. Unter dem unmittelbaren Eindruck eines aufsehenerregenden Streiks von Bergarbeitern im Ruhrgebiet verabschiedete der Reichstag am 24. Mai 1889 das Gesetz über die Alters- und Invalidenversicherung. Zuvor waren Arbeiter, wenn sie durch einen Unfall oder altersbedingt arbeitsunfähig wurden, noch in ihrer Existenz bedroht gewesen. Nun waren 4,7 Millionen gewerbliche Arbeiter gesetzlich versichert.

1891 wurden die ersten Renten ausgezahlt, insgesamt 265 000 Mark an 152 000 Rentner. Das war wenig Geld – aber auch für sehr wenige Menschen. Die Perfidie des Bismarck'schen Rentensystems, das ja in Wahrheit eher politische als soziale Ziele verfolgte, lag darin, dass nur die Allerwenigsten überhaupt siebzig Jahre oder älter wurden. Die durchschnittliche Lebenserwartung lag Ende des 19. Jahrhunderts bei 35 Jahren für Männer und 38 Jahren für Frauen.

Die Idee der Staatsrente hatte sich trotzdem durchgesetzt, und in den folgenden Jahrzehnten wurde sie nur unwesentlich verändert. Die Lage des Proletariats verbesserte sich; die Lebenserwartung der Menschen stieg; die Kinderarbeit wurde beschränkt, Sonntagsruhe verordnet und eine Maximalarbeitszeit von elf Stunden am Tag eingeführt. Die deutsche Sozialgesetzgebung machte Schule – samt ihrer Überstrukturiertheit an Verordnungen, Unterverordnungen und Ausnahmen von den Ausnahmen. Die anderen europäischen Staaten nahmen sie sich zum Vorbild.

Es ist in den Geschichtsbüchern nicht vermerkt, dass Menschen wegen dieser Sozialgesetzgebung plötzlich aus allen Ländern nach Deutschland geströmt wären, nur um in deren Genuss zu kommen. Damals galt, wie es heute noch gilt, dass Menschen ihre Heimat in der Regel nicht freiwillig verlassen, sondern vor Hunger, Krieg, Naturkatastrophen fliehen. Daran erinnern wir auf unseren Veranstaltungen gelegentlich, wenn die Frage auftaucht, ob denn dann »alle zu uns kommen« würden, wenn es das Grundeinkommen gebe? Und unterstreichen jedes Mal, dass durch die Einführung des Grundeinkommens kein einziges Politikfeld ersetzt wird: keine

Flüchtlings-, keine Friedens-, keine Klimapolitik. Aber seine Einführung würde Politikfelder inhaltlich anders konturieren und strukturieren. Das Beispiel des Grundeinkommensdorfes in Namibia, wie wir es im nächsten Kapitel vorstellen werden, wirft etwa die Frage auf, wie sich die deutsche Entwicklungspolitik verändern müsste, um zur Armutsbekämpfung durch Grundeinkommen sinnvoll beizutragen.

Doch kurz zurück in die 1950er Jahre: Ein gutes halbes Jahrhundert nach Einführung der Sozialgesetze durch Bismarck stand in diesem Jahrzehnt die soziale Frage erneut im Mittelpunkt: Nach zwei verlorenen Kriegen war der Kapitalstock der Rentenkassen durch Inflation und Missbrauch, Geldentwertungen und Währungsreformen ebenso vernichtet wie die privaten Ersparnisse in der Bevölkerung. Die von zwei Weltkriegen geschwächte Generation der Alten litt mitten im Wirtschaftswunderland unter Armut und Not. Aber es dauerte noch bis 1957, bis der deutsche Bundestag die Einführung einer dynamischen Rente beschloss. Die gesetzliche Rentenversicherung wurde auf eine Umlagefinanzierung umgestellt. Die durchschnittliche Lebenserwartung der Menschen lag in dieser Zeit bei 65 bzw. 68 Jahren, und die jährlichen Zahlungen summierten sich auf 4,7 Millionen D-Mark – was aber auch damals schon zu wenig war, denn jedes Jahr vergrößerte sich die Zahl der Rentner um etwas über eine Million Personen. Doch die Rentenkassen waren wieder leer, der Großteil des gesparten Vermögens geplündert und der klägliche Rest so gut wie wertlos.

Da sich aber die deutsche Gesellschaft insgesamt im wirtschaftlichen Hoch befand, lag es nahe, das Prinzip der Rentenversorgung umzustellen – eben von dem Rücklageprinzip zum Umlageprinzip.

Zum Wirtschaftswunder wurde zusätzlich das Rentenwunder ausgerufen: Die Renten wurden einmalig deutlich angehoben und stiegen fortan jedes Jahr proportional zur Entwicklung der Bruttolöhne. Die Altersarmut schien gebannt, da die gegenwärtigen Beitragseinnahmen von den Jungen an die zum gleichen Zeitpunkt Rentenberechtigten ausgezahlt wurden, womit die Jungen Ansprüche auf die Solidarität künftiger Generationen erwarben.

Doch die stillschweigende Voraussetzung für diesen Vertrag zwischen den Generationen war, dass die Bevölkerungszahl halbwegs stabil bleiben würde. Der Wirtschaftsminister dieser Zeit, Ludwig Erhard, hielt das ganze System für nicht zukunftsfähig. Aber Adenauer setzte sich über die Bedenken seiner Kabinettskollegen hinweg und gewann mit der Parole »Pensionen für alle« die Bundestagswahl 1957, mit absoluter Mehrheit.

Rente – Rien ne va plus

Dieses System hat sich im Laufe der letzten 50 Jahre überlebt, denn die Grundannahmen von stetigem Wirtschaftswachstum, faktischer Vollbeschäftigung und Kinderreichtum als Voraussetzung für den Generationenvertrag treffen allesamt nicht mehr zu. Das permanente Wirtschaftswachstum und die Hoffnung auf dauerhafte Vollbeschäftigung sind passé. Der Generationenvertrag scheitert an der nicht herzustellenden Balance zwischen Jung und Alt. Der Adenauer-Satz »Kinder kriegen die Leute immer« stimmt, aber eben immer weniger.

Die Lebenserwartung der Deutschen ist seit den 1950er Jahren um zehn Jahre gestiegen und lag 2003 bei 75 (Männer) bzw. 81 Jahren (Frauen). Bis 2050 rechnet man mit einem weiteren Anstieg der Lebenserwartung auf 83 (Männer) bzw. 88 Jahre (Frauen). 1960 bezogen die Beschäftigten nach dem Ausscheiden aus dem Beruf im Durchschnitt rund zehn Jahre lang Rente, heute sind es fast 17 Jahre.

Auch die Rückkehr von der Umlage- zur Rücklagenfinanzierung, die »Riester-Rente«, ist für die heutige Generation der Beitragszahler kaum zu bewerkstelligen. Schließlich müssen sie aus ihrem Einkommen nicht nur die heutige Rentengeneration finanzieren, sondern obendrein fürs eigene Alter vorsorgen. Hinzu kommen Kosten der Gesundheitsversorgung und Arbeitslosenversicherung und weitere Steuern.

Der Fehler liegt einfach im System. Den hat die Historikerin Gabriele Metzler nüchtern analysiert: »Der Sozialstaat ist an eine historische Konstellation gebunden, die es so nicht mehr gibt. Erstens haben sich die demographischen Voraussetzungen geändert, seit 1972 ist die Geburtenbilanz negativ. Zweitens war der Sozialstaat auf eine Industriegesellschaft ausgerichtet, in der Normalarbeitsverhältnisse und kontinuierliche Beitragszahlung die Regel waren. Drittens sind sich die Menschen nicht mehr einig, was sie unter Gerechtigkeit und Solidarität verstehen. Zudem ist unser Sozialsystem fest mit Nationalstaatlichkeit verknüpft. Nur so kann es funktionieren. Mit der Globalisierung werden die Spielräume des Staats immer enger, insbesondere die Verteilungsspielräume.«

Der konservative Historiker Paul Nolte begründet in einem Aufsatz über neue Sozialpolitik, dass man der spezifisch deutschen Ausprägung des Sozialstaats keineswegs nachtrauern müsste, die »in erstaunlicher nationaler Verengung und Borniertheit, die Lösungen unserer Nachbarn kaum zur Kenntnis nimmt«. Er erinnert an ihre unverkennbaren Ursprünge im kaiserzeitlichen Obrigkeitsstaat, der ein patriarchales Familien- und Erwerbsmodell hervorgebracht und schon immer ganze Gruppen von der solidarischen sozialen Verantwortung entbunden hatte, allen voran die Beamten und Selbständigen. Deshalb seien unsere Sozialversicherungssysteme »längst nicht mehr gerecht, sondern produzieren inhärent gesellschaftliche Ungerechtigkeit«.

Grundeinkommen – Ausweg aus dem demographischen Dilemma

Der Raum für Eigeninitiative ist versperrt durch zentralisierte Überregulierung, durch Unbeweglichkeit, die nicht auf individuell gedachte Bedürfnisse und Wege eingehen kann und will. Auch hier leben wir in einem Zwischenraum: Wir werden *nicht mehr* genügend vom Vater Staat versorgt und können *noch nicht* andere – eigene – Wege beschreiten. Uns fehlen *noch* die Voraussetzungen, uns zwischen Fürsorge und Selbstorganisation bewegen zu können.

Ein Grundeinkommen – tausend Euro für jeden – ist die denkbar beste Möglichkeit, uns aus diesem Dilemma zu befreien. Es schafft die Voraussetzungen, sich selbst zu organisieren, um das in Angriff zu nehmen, was seit gefühlten 200 Jahren von Frauen thematisiert wird: Wenn wir wirklich mehr Kinder haben wollen, dann müssen wir die gesellschaftlichen Bedingungen dafür ändern. Punkt.

Und es ist leicht vorstellbar, wie sich die zäh verhandelten Fragen zu Kindergartenplätzen, Bildung und Ausbildung ändern würden. Die Eltern würden handeln. Und es könnte endlich darum gehen, den Freiheitsraum von Kindern und Müttern und Vätern gleichermaßen zu stärken.

Wir haben in einem früheren Kapitel aufgezeigt, dass ein möglicher Weg zur Einführung des Grundeinkommens der sein könnte, mit den Gruppen zu beginnen, die in unserer Gesellschaft von Armut am stärksten gefährdet sind: Kinder, Jugendliche und Alte.

Mit dem Kinder-Grundeinkommen könnten Eltern den Kita-Platz mitfinanzieren und würden dadurch gewiss die Inhalte stärker mitbestimmen und damit eine Tendenz verstärken, die wir in den letzten Jahren beobachten: Eltern mischen sich kräftig in die Weiterentwicklung der Kitas ein.

Mit einem Jugendlichen-Grundeinkommen könnten leichter Ausbildungsplätze finanziert werden, denn die Jugendlichen würden ja einen Teil des Geldes mitbringen, so dass viele kleine und junge Betriebe, die sich heute nicht erlauben können, einen Ausbildungsplatz zu stellen, und deshalb nur unbezahlte Praktikumsplätze vergeben, diese Möglichkeit hätten.

Ein Alten-Grundeinkommen würde die Rentendiskussion auf eine völlig neue gesellschaftliche Ebene heben und der teils menschenverachtenden Diskussion den Boden entziehen. Wer dann in Rente ginge, bekäme grundsätzlich wie alle das Grundeinkommen – es sei denn, er hat private Rücklagen gebildet, um seinen bisherigen höheren Lebensstandard aufrechterhalten zu können. Die Sicherung von Wohlstand gehört schließlich nicht zu den Kernaufgaben der Gemeinschaft.

Ein Alten-Grundeinkommen würde einiges an Ungerechtigkeit kompensieren: etwa die, die gerade alten Frauen widerfährt, die Opfer der Ideologie wurden, dass Frauen zu Hause bleiben sollten, um die Kinder aufzuziehen und dafür im Alter nur beschämende Cent-Beträge angerechnet zu bekommen.

All dies würde dazu führen, dass der Sozialstaat auf eine neue – realistische – Grundlage gestellt würde: Das Grundeinkommen ist die Antwort der Gegenwart auf eine Zukunftsfähigkeit unseres Gemeinwesens.

Dieser radikale Paradigmenwechsel braucht das Vorstellungsvermögen und die aktive Gestaltung vieler und unterscheidet sich genau darin von der heutigen Auffassung von Sozialstaat, der auch zu seiner Blütezeit Passivität erzeugte, weil er nach der Formel aufgebaut ist: »Alle werden irgendwie versorgt, müssen dafür aber hinnehmen, verwaltet zu werden.« Richard Sennett nannte diesen Zustand einen »Ammenstaat«, der Eigeninitiative und Individualität erstickt, ohne die aber bekanntlich die Weiterentwicklung von Gesellschaft unmöglich ist.

Frauen und Männer – neue Rollen, alte Widerstände

In Bezug auf die Geschlechterrollen hat sich die Gesellschaft in den letzten Jahrzehnten immerhin etwas bewegt. Heute nimmt die Mehrzahl der Bürgerinnen und Bürger zum Beispiel in der sogenannten »Kopftuchdebatte« eine eindeutige

Position ein: Die von der Religion geforderte Verhüllung wird eher als ein Symbol für die Unterdrückung islamischer Frauen durch ihre Männer wahrgenommen – dass sich muslimische Frauen zum Teil auch (selbst-)bewusst für das Tragen eines Kopftuchs entscheiden, sie diesen Schutz suchen, spielt in der Debatte noch eine untergeordnete Rolle. Dabei liegen die Zeiten des gesetzlichen Patriarchats in Deutschland noch gar nicht so lange zurück. Noch bis Ende der 1970er Jahre mussten in Deutschland Frauen nach den Bestimmungen des BGB ihre Ehemänner um Erlaubnis fragen, bevor sie einer beruflichen Tätigkeit nachgehen konnten. Erst 1977 wurde die gesetzlich vorgeschriebene Aufgabenteilung in der Ehe aufgehoben, die den Männern erhebliche Entscheidungsrechte sicherte – auch was die Kindererziehung anging. Bis dahin galt: Die Frauen machen die Arbeit, aber die Männer entscheiden, welche.

In Bayern mussten Lehrerinnen noch in den 1950er Jahren ihren Beruf aufgeben, wenn sie heirateten. Über die Finanzen entschied allein der Mann, auch über das Geld, das die Ehefrau verdiente. Frauenfußball, der in den 1920er Jahren ausgesprochen populär war, wurde vom DFB 1955 offiziell verboten. Erst 1970 hob der Verband das Frauenfußballverbot wieder auf. Ab Ende der 1980er Jahre begann eine Siegesserie der Frauennationalmannschaft mit sieben gewonnenen EM-Titeln und zwei errungenen Weltmeisterschaften – die Frauen heimsten deutlich mehr Erfolge ein als die Männer. Es entbehrt nicht der Komik, dass die Sportlerinnen für den ersten EM-Titel 1989 als Siegprämie ein Kaffeeservice erhielten.

Die relative Gleichstellung von Frau und Mann hat sich nicht einfach eingestellt, sie wurde in zähen und oft zermürbenden Auseinandersetzungen der Feministinnen erkämpft, denen im Grunde auch zu verdanken ist, dass die etablierte Politik vor kurzem die Elternzeit, die eben auch Vaterzeit bedeutet, einführen musste – ein weiterer Grund waren die veränderten Bedürfnisse der Väter.

Die heutigen Väter haben von den starken Müttern in den 1970er bis 1990er Jahren gelernt, dass die Beschäftigung mit Kindern nicht weniger erfüllend sein muss als die Arbeit an der Karriere – und müssen nun mit Vorurteilen aus den eigenen Reihen kämpfen.

Im *Handelsblatt* wird etwa ein Manager mit den Worten zitiert: »Deutschland wird nur erfolgreich sein, wenn seine Köpfe frei sein können und sich nicht um die Kinderbetreuung sorgen müssen.« Das kann man nicht gerade als eine Einladung an Väter lesen, ihre Kinder für eine gewisse Zeit selbst zu betreuen.

»Oftmals klaffen, besonders in großen Konzernen, die in Leitbildern formulierten Ansprüche und die Wirklichkeit noch weit auseinander«, resümieren die Wissenschaftlerinnen Helga Lukoschat und Kathrin Walther das Ergebnis ihrer Studie »Karrierek(n)ick Kinder« für die Bertelsmann-Stiftung. Alle Befragten hatten mit Widerständen und Vorurteilen zu kämpfen und taten sich schwer, ihre privaten und beruflichen Ambitionen unter einen Hut zu bekommen.

Väter, die aus der alten Rolle aussteigen wollen, scheitern in ihren Unternehmen oft an einer männerbündischen Arbeitskultur, heißt es auch im Familienbericht der Bundesregierung 2007. Daran haben auch die jüngst eingeführten »Vätermonate« wenig geändert. Hier billigt der Staat jungen Familien zwei Monate länger Elterngeld zu, wenn der Mann mindestens zwei Monate lang die Kinderbetreuung übernimmt. Immerhin hat jeder zehnte Vater, in Berlin sogar jeder achte, einen Antrag auf verlängertes Elterngeld gestellt. Unter dem Titel »Ich bin ein afrikanisches Dorf« gibt der Architekt und Interventionist Benjamin Foerster-Baldenius Einblick in die Auswirkungen des Elterngeldes, das ja ein Grundeinkommen ist – mit der einzigen Bedingung der Elternschaft:

»Mein monatliches Elterngeld entspricht einem Achtel des Bedingungslosen Grundeinkommens, das an das gesamte Dorf Otjivero in Namibia ausbezahlt wird. Dort bezog jeder Bewohner zwei Jahre lang eine Basic Income Grant (BIG) von 100 Namibia-Dollar. (Von diesem Dorf werden wir im nächsten Kapitel ausführlich berichten. Anm. d. Verf.) Von Otjivero erfuhr ich durch Adrienne Goehler bei einer kleinen Diskussionsveranstaltung in Berlin. Ich selbst beziehe seit Juni 2010 für 12 Monate ein bedingungsloses Elterngeld. Die Geburt meines Sohnes hat mich und meine Familie zu Testpersonen in Sachen BGE bzw. BIG gemacht. Jeden Monat werden mir 1200 Euro auf mein Konto überwiesen, mit denen ich machen kann, was ich will. Nachdem nun die Hälfte meiner Testzeit verstrichen ist, habe ich ein erstes vorsichtiges Resümee über die Vorteile eines Grundeinkommens gezogen: Nein, ich bin nicht fauler geworden – ich arbeite nur weniger –, schließlich muss ich mich ja jetzt mit um ein Baby kümmern. Ja, es entspannt die Situation sehr, wenn man nicht jeden Job annehmen muss. Es entspannt auch das Gewissen, wenn man sich die Bio-Babynahrung, die Öko-Windeln und auch noch gesunde Lebensmittel für die Erwachsenen einfach so leisten kann, ohne viel Geld dazu zu verdienen. Das übrigens ist die einzige Bedingung für die Auszahlung des Elterngeldes in besagter Höhe – dass ich ansonsten kein Geld verdiene. Bei einem bedingungslosen Grundeinkommen würde ich natürlich weiterarbeiten wollen. Und als Selbständiger will ich, dass meine Arbeit nicht nur gewürdigt, sondern auch vernünftig bezahlt wird. Nur weil aus einer Quelle Geld auf mein Konto sprudelt, ohne das ich etwas dafür tue, verliere ich nicht meinen Geschäftssinn. Heißt das, dass ich nicht wirklich mit dem Segen umgehen kann, der da auf mich herabregnet? Ein besserer Mensch bin ich zumindest nicht geworden. Der Bezug des temporären BGE erleichtert mir zwar eine gewisse Mildtätigkeit und Freigiebigkeit gegenüber weniger wohlhabenden Menschen. Einen Studenten als Babysitter zu bezahlen, fällt viel leichter als ohne BGE – natürlich entsprechend der mickrigen Tarife, die man sonst so hört, man will ja nicht die Marktpreise in die Höhe treiben. Die Höhe der Almosen, die ich im öffentlichen Raum verteile, ist nicht gestiegen, ich zahle auch keine höheren Trinkgelder. Alles in allem ist das meiste beim Alten geblieben. Was mich zu dem Gedanken geleitete, ob nicht viele wie ich eine bessere Anleitung vertragen könnten, wie man die geschenkte Zeit und den geschenkten Wohlstand dazu verwendet, die Welt zu verbessern. Das wäre eine gute einzige Bedingung des bedingungslosen Grundeinkommens. Ein bisschen allerdings ist die Welt auch bei uns eine bessere geworden, denn mein Sohn würde sich – wäre er der Sprache bereits mächtig – schon bedanken für die Entschleunigungspauschale, die das Elterngeld für seinen Vater bedeutet.«

Solange es nicht genügend Kindergartenplätze gibt und solange Frauen noch immer durchschnittlich zwanzig Prozent weniger verdienen als Männer, werden es weiterhin weniger Väter wie Benjamin Foerster-Baldenius, sondern die Frauen sein, die zu Hause bleiben: 95 Prozent der Mütter unterbrechen für die Kinderbetreuung ihre Erwerbstätigkeit und riskieren berufliche Einschränkungen. Betriebliche Angebote, wie zum Beispiel Teilzeit während der Elternzeit, Gleitzeit oder Arbeitszeitkonten, nehmen überwiegend Frauen in Anspruch.

Vor den gleichen Problemen stehen die Frauen, die pflegebedürftige Angehörige versorgen müssen oder wollen. Im Altenbericht der Regierung von 2007 ist festgehalten, dass Frauen genauso oft wegen eines Pflegefalls ihre Stellen aufgeben wie wegen kleiner Kinder. Je geringer ihr Gehalt, desto eher sind sie bereit, die Berufstätigkeit abzubrechen oder doch mindestens zu unterbrechen. Denn wer ohnehin arm ist, entscheidet sich eher für die genauso schlecht bezahlte, aber sinnvollere Arbeit – um wenigstens theoretisch bis zu 665 Euro im Monat von der Pflegeversicherung zu erhalten. Dieser Höchstbetrag wird praktisch jedoch kaum jemals ausgeschüttet – um ihn zu erhalten, bedarf es einer bürokratischen Odyssee, die menschenunwürdig zu nennen ist.

Mehr als siebzig Prozent aller Pflegebedürftigen werden zu Hause betreut – zwar in steigendem Umfang von professionellen Pflegekräften, aber oft auch von meist weiblichen Angehörigen, die darüber selbst oft psychisch erkranken, etwa weil alte Konflikte aus der Kindheit wieder aufbrechen. Immer öfter berichten Wohlfahrtsverbände von Gewalt gegen Alte in den Familien. Eine dauerhafte Betreuung durch unbelastete Dritte ist aber meist nicht finanzierbar. Daher boomt der Markt für illegal in Privathaushalten beschäftigte Frauen aus Ländern wie Polen oder der Ukraine, den Philippinen oder Sri Lanka, die oft zu unzumutbaren Bedingungen für die Rundumbetreuung der Angehörigen zuständig sind. Die Sozialwissenschaftlerin Barbara Duden spricht daher von moderner Sklavenhaltung.

Die Institution Ehe in der
Single-Gesellschaft

Vollkommen unverständlich und jenseits aller Leistungsbeurteilung ist die Tatsache, dass man mehr Geld für seine Arbeit bekommt, wenn man verheiratet ist. Beschäftigte im öffentlichen Dienst, Beamte wie Angestellte, können überall dort, wo die Tarifverträge des öffentlichen Dienstes (BAT) angewandt werden, einen Ortszuschlag bekommen, unter der verschwurbelten Bezeichnung »Verheiratetenbestandteil im Familienzuschlag« oder unter »Familienzuschlag Stufe 1«. Dazu berechtigt ist, wer verheiratet ist oder war, also auch Verwitwete und Geschiedene – wenn der Beamte oder die Angestellte im öffentlichen Dienst dem ehemaligen Ehepartner zum Unterhalt verpflichtet ist.

Die Frage des Unterhalts wird auf der Basis komplexester Bestimmungen geregelt. Seine Höhe hängt davon ab, wer wie viel verdient, wer mit wem wie lange verheiratet war und wie viele Kinder in welchem Alter aus dieser Beziehung hervorgegangen sind, wo diese Kinder leben und so weiter und so fort.

Dabei ist die Staatshaushaltskasse bekanntlich leer und die Ehe keineswegs mehr das selbstverständliche Leitmodell für ein Zusammenleben in der Gegenwart, obwohl sie seit 1949 unverändert im Artikel 6 des Grundgesetzes den »besonderen Schutze der staatlichen Ordnung« genießt. Hier stellt sich die Frage, warum die Gesellschaft die Institution Ehe überhaupt noch steuerlich belohnen sollte? Und warum Ehepaare ohne Kinder besser gestellt sind als unverheiratete Eltern und Alleinerziehende? Obwohl uns die Demoskopie jeden Tag damit auf die Nerven geht, dass es nicht genügend

Kinder gibt. Erreicht man einen demographischen Aufschwung durch die Erschwerung der Bedingungen?

Laut dem Forschungsinstitut DIW sind 43 Prozent aller Ehen, die vom Splitting profitieren, kinderlos. Am stärksten profitieren klassische Ehen, mit einem Partner, der Spitzenverdiener ist, und einem, die zu Hause bleibt. Mehr als alles andere in unserer Gesellschaft zementiert diese überkommene »Steuerveranlagung« die Geschlechterverhältnisse zu Lasten der Frauen, da sie lebenslange Abhängigkeit vom Spitzenverdiener bedeutet, während die Ehen nur noch selten ein Leben dauern. Fünfzig Prozent aller in Deutschland geschlossenen Ehen werden innerhalb der ersten sieben Jahre wieder geschieden.

Welche Befreiung aus solcher Abhängigkeit ein Grundeinkommen für Frauen bedeuten würde, weil es individuell ausgezahlt würde und nicht an romantische Versprechungen gebunden wäre wie die Ehe, bedarf kaum der Erklärung. Es würde das Ende von Zwangsgemeinschaften bedeuten und soziale Gemeinschaften von Gleichberechtigten ermöglichen. Ehegattensplitting, kostenlose Mitversicherung von Partnerinnen und Bedarfsgemeinschaften passen nicht mehr in eine von solchen Zwangsstrukturen emanzipierte Gesellschaft.

Seit 2005 werden auch »Eltern-Kind-Gemeinschaften«, die keine klassische Familie sind, vom Statistischen Bundesamt erfasst: Damit sind Ehepaare, nichteheliche und gleichgeschlechtliche Lebensgemeinschaften oder alleinerziehende Mütter und Väter gemeint, die mit Kindern in einem Haushalt zusammenleben. Die Kinder können leibliche Kinder, Stief-, Pflege- oder Adoptivkinder von beiden oder von einem der beiden Elternteile sein. Der Mikrozensus sieht auch die »Haushaltsfamilie« vor, für Personen, die generationenübergreifend in einem Haushalt zusammenleben.

Doch selbst dieses erweiterte Familienverständnis wird heute als zu eng angesehen: Schließlich leben immer öfter Erwachsene mit gemeinsamen Kindern nicht unbedingt in einem gemeinsamen Haushalt. Oder Menschen, die in einem Haushalt leben, sind nicht verwandt, oder Kinder aus Patchworkfamilien haben nicht nur ein Zuhause.

Entscheidend ist die Kultur einer sozialen wechselseitigen Verantwortung. Entscheidend ist für die Beteiligten, dass sie sich als Teil einer Gemeinschaft verstehen und diese auch praktisch leben, sich gegenseitig helfen und füreinander eintreten. Die Mitglieder einer solchen Gemeinschaft können nach diesem Familienverständnis auch in verschiedenen Haushalten leben. Die Wissenschaften sprechen von der »multilokalen Mehrgenerationenfamilie« und halten sie für das zukünftige Modell des Zusammenlebens.

Nach Angaben des Statistischen Bundesamtes leben derzeit allerdings neunzig Prozent der 16,5 Millionen Alleinstehenden in einem Einpersonenhaushalt – mit steigender Tendenz. Das Statistische Bundesamt nimmt an, dass 2025 über 40 Prozent aller Haushalte aus nur einer Person bestehen werden, in den Stadtstaaten sogar über 50 Prozent. Die Mehrheit gibt gleichzeitig an, diesen Zustand unbefriedigend zu finden.

Immer mehr Menschen wollen sich zusammentun, ohne deswegen ihre Eigenständigkeit aufzugeben. An die Stelle der familiären Zwangsgemeinschaft tritt die solidarische Wahlverwandtschaft. In Frankreich wurde bereits 1999 der zivile Solidaritätspakt »Pacs« (»pactes civiles de solidarité«) begründet, der zwischen zwei Menschen gleichen oder unterschiedlichen Geschlechts einen Vertrag ermöglicht, der von beiden Seiten mit einer Frist von drei Monaten jederzeit wieder aufgelöst werden kann. Anders als bei der herkömmlichen Ehe wird dabei kein Unterhaltsmodell geschaffen. Prinzipiell gilt die Gütertrennung, für die sich inzwischen ja auch die Mehrheit der Ehepartner entscheidet. Die »Pacs« sind inzwischen zu einer normalen Form des Zusammenlebens in Frankreich geworden. So hat sich die Zahl der »Pacs« seit der Einführung versechsfacht: 2008 wählten schon 145 000 Paare diese eheähnliche Form des Zusammenlebens. Eheschließungen stagnieren in Frankreich seit Jahren bei rund 270 000.

Familie im Zeichen des Grundeinkommens

Das Statistische Bundesamt ist weiter als die Gesetzgebung, denn die sieht in ihrem Bestimmungsdickicht immer noch eine unübersichtliche Zahl »familienbezogener Transferleistungen« vor, die den Tarif-Wirrwarr von Telefongesellschaften und Energieversorgern noch um Längen schlägt. Man wird einfach das Gefühl nicht los, dass es die Absicht dieses Dickichts ist, zu verhindern, dass die Transferleistungen auch in vollem Umfang in Anspruch genommen werden. Die Sprache dieser Gesetzgebungen kann auch nur eine kleine Minderheit verstehen, offenbar eine wirksame Methode: Geld einsparen durch Entmutigung.

Joachim Mischke, Autor eines Buches zu Grundsicherungsmodellen, erhärtet diesen Verdacht: »Seit Bestehen der Bundesrepublik hat sich eine gigantische Sozialbürokratie herausgebildet, die mit 38 unterschiedlichen Arten von Behörden und Quasibehörden 155 steuer- und beitragsfinanzierte Sozialleistungen verwaltet.« Und 1984, zu einer Zeit, als wir noch in D-Mark dachten, rechnete der Deutsche Städtetag vor, dass für die Vergabe von 18,7 Milliarden D-Mark Sozialhilfe 5,4 Milliarden D-Mark Verwaltungskosten anfielen.

Adrienne Goehler nennt das »tote Arbeit, die auf der Seele der Republik lastet« und die verhindert, dass wir andere Wege beschreiten können, weil sie die Energien im Falschen bindet. Das bedingungslose Grundeinkommen wäre eine spürbare Befreiung von dieser toten Arbeit. Wir könnten uns auf den Weg machen, andere Formen der Koexistenz zu suchen, neue Modelle der gegenseitigen Fürsorge zu entwickeln.

Unser heutiger Sozialstaat basiert auf einer Idee von Familie, wie es sie gar nicht mehr gibt. Das heißt aber auch: Der familiäre Mikrokosmos bietet keine Grundsicherheit mehr. Erforderlich ist deswegen eine neue Art von Fürsorge gegenüber den Individuen der Gesellschaft, die sich in losen Netzwerken zusammenschließen und eben auch wieder trennen. Genau das leistet das bedingungslose Grundeinkommen.

Vor allem den Kindern käme es zugute, die heute eben in den unterschiedlichsten Konstellationen aufwachsen. Sie bräuchten daher unabhängige Grundsicherung und einen eigenen Rechtsanspruch, unabhängig davon, in welcher Familienform sie leben. Das an sie gezahlte Grundeinkommen müsste nicht von herkömmlichen Erziehungs*berechtigten* verwaltet werden, sondern von denen die die Erziehungs*verantwortung* übernehmen. In Otjivero, Namibia, wurde das Geld für die Kinder und Jugendlichen an die am nächsten stehende weibliche Bezugsperson ausbezahlt, »the primary care-giver«: an die also, die sich wirklich kümmert.

Und wie in Namibia, würde das Frauen überall ganz anders ihren Männern gegenüber ermächtigen.

11. KAPITEL:

Es funktioniert – Grundeinkommen in Namibia und andernorts

Zukunft von Afrika lernen

Beim Millenniumsgipfel der Vereinten Nationen im Jahr 2000 einigte man sich auf einen Maßnahmenkatalog, um die weltweite Armut bis 2015 zu halbieren. Wie bekannt, sind wir von diesem Ziel weit entfernt. Gegenwärtig hungern mehr Menschen auf der Welt denn je, die Welthungerhilfe geht von knapp einer Milliarde aus. Zwischen 40 bis 70 Mrd. US-Dollar pro Jahr wären nötig, um die Kinder- und Müttersterblichkeit drastisch zu reduzieren, allen Kindern einen Schulbesuch zu ermöglichen, die Wasserversorgung zu verbessern und die Ausbreitung von Aids zu stoppen. Zum Vergleich: Die weltweiten Rüstungsausgaben lagen 2003 bei 879 Mrd. US-Dollar.

Während Deutschland einst Idee und Handlungsansätze seines Sozialstaatsmodells exportiert hat, bedarf es heute, wie wir schon anklingen ließen, eher des Imports von Ideen und Modellen nach Deutschland. Denn während wir hier, trotz lebendiger öffentlicher Diskussion, noch kein einziges praktisches Beispiel von Grundeinkommen haben, gibt es in anderen Ländern ermutigende Versuche von Regierungen, sich mit dem Gedanken von Grundeinkommen auseinander und ihn in praktische politische Schritte zu übersetzen.

Vorläufer eines Grundeinkommens in Bangladesh und Sambia

Die Vereinten Nationen hatten zur Jahrtausendwende Mikrofinanzierung als ein wichtiges Instrument zur Erreichung der Millenniumsziele (Halbierung der weltweiten Armut bis 2015) ausgemacht und deswegen das Jahr 2005 zum Jahr der Mikrokredite ausgerufen. Bei Mikrokrediten geht es nicht wie bei anderen Darlehensformen darum, durch verzinste Rückzahlung Profit zu erwirtschaften, sondern darum, Menschen das Startkapital für eine Existenzsicherung zu geben. Diejenigen, die Kredite brauchen, haben in der Regel nichts als ihre Arbeitskraft und eine Idee zu bieten, ohne jede Vermögenssicherheit. Sie gelten deshalb als nicht kreditwürdig, Banken ist ein Investment in sie zu riskant. Mikrokredite sichern nun genau solche Risiken ab, indem sie zum Beispiel mehrere Kreditnehmer zu einer Genossenschaft zusammenführen, in der diese sich wechselseitig unterstützen können und dafür ein gewisses Maß an sozialer Kontrolle aufbauen: Wer nicht pünktlich seine Raten bezahlt, verliert vor den anderen Genossenschaftsmitgliedern sein Gesicht.

Der Wirtschaftswissenschaftler Muhammad Yunus, einer der Initiatoren der Mikrofinanzidee, gründete 1983 in Bangladesh die Grameen Bank, die Menschen ohne Einkommenssicherheit Kleinkredite ermöglicht. Er entwickelte ein System, in dem sich die Kreditnehmer – zu 97 Prozent Frauen – aufgrund persönlicher Bindungen zur Rückzahlung verpflichtet fühlten. Voraussetzung für die Kredite war, dass sich in den Dörfern kleine Gruppen zusammenschlossen, die von Bankangestellten geschult wurden und füreinander bürgten. Und sie wurden Miteigentümerinnen der Bank – diese befindet sich heute zu 94 Prozent im Besitz der über sieben Millionen meist weiblichen Kreditnehmer. Im Ergebnis erreichte die Bank eine Rückzahlquote von 98 Prozent. Dieses Ergebnis erreicht keine andere Bank der Welt. 2006 erhielt die Organisation, der Yunus angehört, für diese Praxis der Geldvergabe den Friedensnobelpreis. Die Grundlage ihres Handelns, das Vertrauen, hatte spürbar zur Verringerung der Armut geführt, weil es Eigeninitiative, Berufstätigkeit und Gemeinsinn erhöhte.

Die immensen Erfolge der »Social Cash Transfers« genannten Kredite stellen nicht nur die Methoden herkömmlicher Entwicklungspolitik in Frage, sondern auch die Methoden der Geldvergabe an Personen ohne Einkommenssicherheit hierzulande, ob von Arbeitsagenturen oder Geldinstituten. Staatliches Hartz IV und die Kreditvergabe von Banken werden von einer Misstrauenskultur beherrscht. Demgegenüber basieren Mikrokredite wie Grundeinkommen auf einer Vertrauenskultur.

Die Erfahrungen der Grameen Bank motivierten die Gesellschaft für Technische Zusammenarbeit (GTZ) in einem lichten Moment, in Sambia 2005 ein Sozialhilfe-Projekt zu starten, das auf dem Grundprinzip der Direktzahlung basiert und damit die Idee des Empowerments in die Tat umsetzt. In der ärmsten Region des Landes, in der Provinz Kalomo, die schwer von Aids gezeichnet ist, werden Familien finanziert, in denen es keine Eltern und erwachsene Geschwister mehr gibt. In der Regel heißt das: Großeltern mit Kindern, deren unmittelbare Angehörige dem tödlichen HIV-Virus zum Opfer gefallen sind. Das Geld wurde ohne jede weitere Bedingung ausgezahlt. Mit solchem Erfolg, dass die Zahlungen

zumindest unter der letzten Regierung aufs ganze Land aus-
geweitet werden sollten. Laut Dagmar Paternoga von Attac
führt diese bedingungslose Zahlung »dazu, dass die Menschen mehr investierten, die Unterernährung zurückgeht und
die Kinder wieder zur Schule gehen«. Wohingegen Missbrauch
und Motivationslosigkeit nicht zu beobachten gewesen seien.
Das Grundeinkommen setzte ausschließlich Kräfte frei. Mittlerweile hat sich die GTZ leider aus Kalomo zurückgezogen,
die Zukunft des Projektes ist daher ungewiss.

Bolsa Família – Grundeinkommen
für die Ärmsten in Brasilien

Eines der umfassendsten Social-Cash-Transfer-Programme
der letzten Jahre wurde in Brasilien gestartet: Unter dem Titel »Bolsa Família« wurde mit dem Regierungsantritt der so-
zialistischen Regierung unter Präsident Luiz Inácio Lula da
Silva in den ärmsten Regionen des Landes ein Familien-
stipendium eingeführt. Dieses wird gewährt, wenn das Fami-
lieneinkommen – nachweislich – nicht höher als 120 brasilia-
nische Reais ist: etwa fünfzig Euro im Monat. Von den 182
Millionen Einwohnern haben seit 2003 etwa 12,8 Millionen
Familien diese Art von Grundeinkommen bekommen, das
eben an eine Bedürftigkeitsprüfung gekoppelt ist und keinerlei Rechtsanspruch der etwa 52 Millionen Personen begründet, die in Brasilien als bedürftig gelten. Langfristig ist das
Ziel, allen Familien ein Grundeinkommen auszuzahlen.

Familie ist – laut den Regeln der Bolsa Família – definiert als

Grundeinkommen, das ihm zwar die Wiederwahl bescherte, aber noch nicht umgesetzt wurde. Die Wiederwahl hat er im Nordosten gewonnen, wo ihm die WählerInnen die Einführung der Bolsa Família in einigen Wahlbezirken mit neunzig Prozent der Stimmen dankten.

Während sich in Deutschland die Gewerkschaften gegen Grundeinkommen aussprechen, halten die Gewerkschaften in Südafrika die Möglichkeiten des Grundeinkommens für die einzig effektive Methode, um der Armut zu begegnen. Die liegt dort derzeit laut offiziellen Angaben bei vierzig Prozent, inoffiziell aber bei etwa sechzig Prozent der Bevölkerung. In Südafrika ernähren diejenigen, die Arbeit haben, meist auch Freunde und Verwandte mit. Die gelten dann offiziell nicht als bedürftig, obwohl sie es eigentlich sind. Ein Grundeinkommen für alle würde demnach auch die Gehälter der Arbeitenden schützen, weil diese dann nicht mehr große Teile davon abzutreten hätten.

Ein weiteres Pilotprojekt, das durch Nichtregierungs- und entwicklungspolitische Organisationen initiiert wurde und internationale Medienbeobachtung erfuhr, ist das »Dorf der Zukunft« (*Der Spiegel*): Otjivero in Namibia.

Ein ZDF-Bericht fasste zusammen: »Viele aus Otjivero haben gezeigt, dass sie ihre Chance nutzen, wenn man ihnen eine bietet.« Die konservative deutschsprachige *Allgemeine Zeitung Windhoek* verkündete im September 2007: »Namibia macht Geschichte« und ahnte: »Die Otjivero-Leute wissen gar nicht, welch große Beweislast sie tragen.« Ein Jahr später meldet die gleiche Zeitung: »Die Studie lässt aufhorchen – und bewegt zum Umdenken. Das Leben der Menschen hat eine neue, positive Richtung bekommen. Ein kleiner Beitrag hat eine große Wirkung erzielt.« Delegationen aus den Nachbarländern, Indien und der Mongolei reisten an, auch der Internationale Währungsfonds schickte Männer im dunklen Anzug mit schwarzen Aktentaschen.

Dieses Dorf haben wir uns genauer angeschaut.

Otjivero-Omitara, Namibia

Zwei Millionen Einwohner hat Namibia, im Durchschnitt kommen drei Menschen auf einen Quadratkilometer, verteilt auf einer Fläche, die mehr als doppelt so groß ist wie die Bundesrepublik. Davon leben allein über 300 000 in der Hauptstadt Windhoek. Namibia ist immens reich an wertvollsten Rohstoffen bei gleichzeitig 51 Prozent Erwerbslosigkeit. Diamanten, Gold und Zink sowie bedeutende Uranvorkommen befinden sich vollständig unter Kontrolle ausländischer Konzerne und bieten in Abbau und Verarbeitung nur für etwa drei Prozent der Bevölkerung Arbeit. Namibia hält den fragwürdigen Rekord, die größte Einkommensungleichheit der Welt zu haben. 30 Prozent der Kinder unter fünf Jahren sind unterernährt und 21 Prozent der Bevölkerung mit HIV infiziert; vor allem die Gruppe der 15- bis 49-Jährigen, mehr als die Hälfte davon Frauen und Mädchen.

Namibia wird seit 1989, als das südafrikanische Apartheidsregime unter dem Druck der UNO die Besatzung Namibias beendete, von der South-West Africa People's Organisation (Südwestafrikanische Volksorganisation) regiert. 2002 hat die SWAPO eine unabhängige Kommission eingesetzt (Namibian Tax Consortium, NAMTAX), die sich der Frage widmete, wie Armut über eine Änderung des Steuergesetzes bekämpft werden kann. Derzeit zahlen nur etwa 64 000 Einwohner Namibias Steuern, die übrigen 160 000 Beschäftigten verdienen pro Jahr weniger als den aktuellen Steuerfreibetrag von 40 000 Namibia-Dollar, was etwa 4000 Euro entspricht. Und 1,8 Millionen Namibier – also fast alle! – haben gar kein festes Einkommen, sondern leben als Tagelöhner oder von der Feldarbeit.

Die Kommission übermittelte ihrer Auftraggeberin als Ergebnis, dass die mit Abstand beste Methode, Armut und Ungleichheit zu bekämpfen, ein universelles Grundeinkommen sei (»that by far the best method of addressing poverty and inequality would be a universal income grant«), das auch bei moderater Steuererhöhung bezahlbar wäre. Denn es würde nicht mehr als drei Prozent des Bruttoinlandsproduktes (ca. 240 Millionen Euro) ausmachen. Die SWAPO aber tat das, was die meisten Regierungen mit den meisten Expertengutachten tun: einfach ignorieren.

Nur einer wollte nicht zur Tagesordnung übergehen: Zephania Kameeta, Befreiungstheologe, führendes Mitglied der SWAPO seit ihrer Gründung, Widerstandskämpfer gegen die Apartheidpolitik Südafrikas und nach der Unabhängigkeit zehn Jahre lang stellvertretender Parlamentspräsident, um dann wieder Pastor einer kleinen Gemeinde zu sein. An Bedeutung, Charisma und Willenskraft steht er Desmond Tutu, Erzbischof von Südafrika, in nichts nach, nur sanfter ist er in seiner Bestimmtheit. Seit 2002 ist er Bischof der Evangelisch-Lutherischen Kirche in der Republik Namibia und hat mit seinem Amtsantritt die Idee der unabhängigen Kommission aufgegriffen und eine beachtliche gesellschaftliche Koalition für ein Pilotprojekt des Basic Income Grant

(BIG) auf die Beine gestellt. All denjenigen, die, wie in anderen Ländern auch, diesen Gedanken für irreal und unbezahlbar hielten, wollte er den praktischen Gegenbeweis liefern.

BIG-Koalition. Von Afrika lernen!

Es bildete sich eine Koalition aus einem überkonfessionellen Kirchenrat, Gewerkschaften und einem Bündnis von Nicht-Regierungsorganisationen, darunter Jugend- und Anti-AIDS-Initiativen Namibias; von Deutschland wurde das Projekt finanziell und teils personell durch die Vereinigte Evangelische Mission (VEM), die Rheinische sowie die Westfälische Kirche und Brot für die Welt unterstützt. Hinzu kamen weltweite Einzelspenden, wenige auch aus Namibia selbst. Darunter eine des ehemaligen namibischen Premierministers und jetzigen Handels- und Industrieministers Hage Geingob.

Das Dorf Otjivero wurde nach längerer Recherche für das weltweit größte Pilotprojekt des bedingungslosen Grundeinkommens ausgewählt, weil es multiethnisch ist, was aufgrund der Homeland-Politik, die streng nach Abstammung segregierte, eher die Ausnahme ist. Typisch aber ist es hinsichtlich Armut, hoher Arbeitslosigkeit, großer Anzahl alleinerziehender Mütter mit HIV und einer erschreckend hohen Anzahl unterernährter Kinder. Die Bewohner, viele von ihnen entlassene Farmarbeiter, werden auf dem Landstrich, der inzwischen in Regierungsbesitz ist, nur geduldet.

Otjivero ist ein einsames Dorf, von allen Seiten durch elektrische Zäune weitläufiger Farmen begrenzt, die unverändert im Besitz von Weißen sind. Die einzige Straße, die ins über 100 Kilometer entfernte Windhoek führt – zu allen lebensnotwendigen Einrichtungen wie Krankenhäusern, weiterführenden Schulen, Administration, Justiz und Großhandel –, ist mehrere Kilometer entfernt. Über 100 Kilometer sind es wiederum in die andere Richtung nach Gobabis, der Regionalhauptstadt. Eine schier unüberwindliche Strecke, seit man den Otjiveranern den Eisenbahnanschluss wegnahm, weil ihre Kaufkraft zu gering war. Herbert Jauch, ein Sprecher der BIG-Koalition, erzählt auf seiner Vortragsreise durch Deutschland im Frühjahr 2010: »Wir sagten: Wenn das BIG dort etwas verändern kann, dann kann es überall etwas verändern. Denn schwierigere Bedingungen als hier kann man nirgends finden!«

Im Sommer 2007 riefen die Dorfautoritäten alle unter dem großen Kameldornbaum zusammen, und Bischof Kameeta stellte ihnen eine Idee vor, für deren Realisierung er sie brauchen würde. Kameeta erzählte von Gleichnissen, von Manna in der Wüste und der Speisung der 5000, erklärte, dass das Teilen kein Akt der Barmherzigkeit, sondern der Gerechtigkeit sei und dass es eben darum beim Basic Income Grant (BIG) ginge. Und er wandte sich entschieden gegen ein falsches Gegensatzpaar, das auch in der evangelischen Kirche oft benutzt würde: die Opposition von »Gib den Menschen einen Fisch« und »Lehre die Menschen zu fischen«. In Wahrheit wüssten die Menschen sehr gut zu fischen, wenn sie nur eine Angel hätten und einen Zugang zu Gewässern! Und das BIG wäre so etwas wie die Angel. Den Zugang zu den Gewässern und die Übertragung des Bodens an die EinwohnerInnen müsste man danach erkämpfen. Zunächst ginge es um einen Akt der Selbstermächtigung, um Freiheit und Eigenverantwortung. Die

Skepsis überwog bei den Menschen in Otjivero, zu oft hatten sie Versprechungen von Regierung und Entwicklungsorganisationen geglaubt, nie hatten sie sich bewahrheitet – plötzlich ein auserwähltes Dorf zu sein klang wie ein Märchen. Die hartnäckigen Zweifler am BIG zog der Bischof schließlich mit der Bemerkung auf seine Seite, dass er den ganzen Weg nicht gemacht habe, um sie zu belügen, dafür sei er zu alt.

Das Pilotprojekt hatte einen zeitlichen Rahmen von zwei Jahren, startete im Januar 2008 und dauerte bis Dezember 2009. Aus dem Dorf bezogen 930 Menschen unterhalb des Rentenalters in dieser Zeit monatlich 100 Namibia-Dollar, also knapp zehn Euro: ein Betrag, der nicht ganz existenzsichernd ist, aber mehr als nur die schlimmste Not zu lindern. Das Dorf hat aber weit mehr EinwohnerInnen, die Angaben schwanken zwischen 1200 und 2000. Das BIG bekam nur, wer am Tag der Registrierung ein Dokument vorlegen konnte, auch die Häftlinge aus dem Dorf, die meist wegen Mundraub oder ähnlichen Beschaffungsdelikten eingesperrt waren. Kinder und Jugendliche unter 21 erhielten ihre 100 Namibia-Dollar über einen »Primary Care Giver«, den- oder diejenige, der oder die sich um sie kümmerte: meistens die Mutter oder eine andere weibliche Person der Familie.

Ähnlich wie bei den Mikrokrediten wurde das Grundeinkommen von öffentlichen Gesprächen in der Gemeinschaft begleitet und bestimmt. Das Dorf wählte sich ein Komitee, in dem alle Generationen und alle Ethnien vertreten sind: 15 Frauen und drei Männer, darunter der Dorfchef, der selbst kein BIG erhielt, weil er am Tag der Registrierung auf Arbeitssuche gewesen war, wie viele andere auch. Das Komitee hat den Kontakt zur BIG-Koalition gehalten und den zweijährigen Prozess begleitet. Eine von ihnen, Bertha Hamases, 31,

alleinerziehende Mutter von vier Kindern, führte den Foto-
grafen Peter Dammann und mich – Adrienne Goehler – im
Februar 2010 durch das Dorf. Wir sollten uns eigene Eindrü-
cke verschaffen, zu dem schwierigen Zeitpunkt, da das Pilotprojekt seit zwei Monaten abgeschlossen, der Erfolg aber noch
überall zu sehen und zu spüren war. Für eine Übergangszeit
bis April 2011 reicht das vorhandene Geld noch aus, um allen
weiterhin bedingungslos 80 Namibia-Dollar, etwa acht Euro,
auszubezahlen.

Cecilia, 14, führt uns als Erste durch das Haus, das sie mit
Großvater, Mutter und zwei Geschwistern teilt. Mit der Rente
des Großvaters und den 400 Namibia-Dollar für die vier Haus-
bewohner haben sie zwei Jahre über ein mittleres Einkommen
verfügt. Als Erstes hätten sie Schuhe und warme Kleidung vom
BIG gekauft und das Schulgeld bezahlt, dann eine Kochstelle

Cecilia und ihre Mikrowelle, © Peter Dammann, Hamburg

in der Küche geschaffen. Mit einer stolzen Geste lädt Cecilia uns ein, uns selbst von den Errungenschaften zu überzeugen, von Herd, Mikrowelle, Fernseher und DVD. Aber vor allem hätten sie jetzt eine Wohnküche und zwei kleine Räume angebaut, ein Zimmer für den Großvater ganz alleine.

Danach begegnen wir Hendrisen Isaaks, 23. Sie begann mit Einführung des BIG, gesüßten Tee zu verkaufen, und hat sich Stück für Stück einen Lebensmittelladen aufgebaut, der zu einem Magneten im Dorf geworden ist, auch weil es dort eine Juke-Box gibt. Ein Lied kostet einen Namibia-Dollar. Sobald die Musik ertönt, strömen die Kinder zusammen, tanzen eine Runde und rennen wieder auseinander. »Was soll die Welt über Otjivero und das Grundeinkommen wissen?«, frage ich in die Männerrunde vor Hendrisen Isaaks Laden. Kurze Besprechung in Damara, der meistgesprochenen einheimischen Sprache, dann die gemeinschaftlich beschlossene Aussage: »Sagen Sie, dass es ein gutes Gefühl ist, wenn die Kinder nachts nicht vor Hunger schreien und man weiß, dass sie morgen auch nicht schreien werden.« Hendrisen Isaaks ergänzt, dass das BIG das Vertrauen unter den Leuten im Dorf gestärkt habe. Das habe alles verändert. Man würde sich jetzt gegenseitig Kredit für Anschaffungen geben, denn man wisse ja, dass sie am nächsten 15. des Monats, dem Tag der Geldausgabe, das Geliehene zurückzahlen könnten.

Das nächste Haus hat einen großen gepflegten Hof, mittendrin ein Chevrolet. Eine alte Frau bittet uns hinein, sie selbst bezieht kein Grundeinkommen, aber ihre Kinder und Enkel. »Schauen Sie, alle haben Schuluniformen und Schuhe.« Sie selbst hat ein kleines Business, verkauft Feuerholz und kleine Transportdienste, denn sie besitzt zwei Esel und Karren, und wenn es Benzin für den Chevy gibt, dann dient er dem Dorf als Taxi, für Fahrten ins Krankenhaus. 50 Namibia-Dollar kostet eine Fahrt. »Das kann man sich nicht oft leisten«, lässt sie uns sagen, deshalb steht das Auto auch meist rum.

Elmarie, 27, hat einen Beruf, seit es das BIG gibt, sie ist Pflegemutter. Acht Kinder wuseln um sie herum, vier eigene und vier einer Mutter, die sechs Tage die Woche auf einer 20 Kilometer entfernten Farm arbeitet. Von den monatlich 500 Namibia-Dollar und dem Essens- und Schulgeld für die Pflegekinder hat sie jeden Monat eisern etwas zurückgelegt, um sich ein ganzes Set funkelnder Stahltöpfe anzuschaffen, einen Herd, einen Fußboden, einen Fernseher und einen teuren Elektrokasten, der die Flimmerkiste mit teurem Strom versorgt. Mit einer Prepaid-Karte, die 40 Namibia-Dollar kostet, kommt sie zwei Wochen lang aus. Sie leistet sich diese Ausgabe, weil sie wissen will, was in der Welt vor sich geht.

Am 15. jedes Monats ist Zahltag. Die Post hat dafür eigens eine Filiale im Dorf eröffnet, und gleich morgens nehmen die Menschen unter einem großen Blechdach Platz, was sie notdürftig vor der Hitze schützt, und warten auf das Eintreffen des Geldes. Um sich auszuweisen, brauchen sie ihre Chipkarte mit Foto und Fingerabdruck, legen für die Auszahlung ihren rechten Zeigefinger in das Lesegerät, was auch nach zwei Jahren für viele noch ein Vorgang ist, der sie zögern lässt. Große Aufregung, weil ausgerechnet an dem Tag der Strom ausgefallen ist, was seit Einführung des BIG noch nie vorkam. Bertha Hamases, unser Guide, erklärt wohl hundert Mal, dass sie hoffe, es gebe heute noch Strom, sonst morgen, beruhigt sie die Gemüter. Die kleinen Lieferwagen, die am Zahltag Mais, Melonen und Kürbisse anbieten, ziehen enttäuscht ab.

Frida Nembwaya mit einer Ahnung von einem »Good life after struggle«, © Peter Dammann, Hamburg

Good life after struggle

So lautet das Motto des unangefochtenen Stars des Dorfes, Frida Nembwaya, 35, Mutter von sieben Kindern, die mit ihrer Vitalität alle ansteckt, wenn sie zwischen brutheißer Backstube und Eisverkauf, den sie außerdem betreibt, lachend hin- und hereilt. Wie ihr Mann hat sie auf einer deutschen Farm gearbeitet, für weniger Geld, als sie durch das Grundeinkommen hat. Immer wieder streckt sie die Arme gen Himmel und beschreibt ihr gutes Leben, nach all dem Kampf und der Erniedrigung. Mit dem Grundeinkommen hat sie sich ihren Traum erfüllt: Selbständig werden und in die Fußstapfen der

Mutter treten, sie eröffnete eine Bäckerei. Täglich backt sie in geölten Sardinenbüchsen 300 kleine Hefebrote, es gibt keine Öffnungszeiten, sie backt einfach ununterbrochen und ist immer ausverkauft. Einmal die Woche macht sie sich auf den Weg nach Windhoek, dort kriegt sie dreimal so viel für ihre Brote, die sie die ganze Nacht hindurch herstellt. Von dem Erlös kauft sie säckeweise Mehl und Zutaten. Eine einzige Hin- und Rückfahrt verschlingt das Grundeinkommen eines Monats. Doch das kann sich Frida Nembwaya mit ihrem gutgehenden Laden mittlerweile leisten.

Die Schulleiterin, Rebecca Heita, die die Sportwettkämpfe aller SchülerInnen antreibt, spricht davon, dass sich die Konzentration der Kinder deutlich verbessert habe, seit sie nicht mehr hungern und die Schulspeisung mit der ganzen Familie teilen müssten. Ich solle doch sehen, wie ordentlich alle Kin-

Frida in ihrer Bäckerei, © Peter Dammann, Hamburg

der aussähen. Wieder sind die Schuhe und eine Winter- wie Sommeruniform, die jetzt fast alle Kinder tragen, der sichtbarste Ausdruck der Verbesserung. Freilich reiche das Schulgeld, das die meisten bezahlen, nicht aus, um damit die zu knappen Regierungsgelder zu kompensieren. In diesem Schuljahr, sechs Wochen nach Schulbeginn, hätten sie noch kein Geld von der Regierung gekriegt, jetzt gebe es nur 10 Bleistifte, keinen Buntstift und einen Radiergummi für 32 Erstklässler. Deshalb dachte sie sich einen Schönheitswettbewerb der Kinder aus, um mit dem Eintrittsgeld der Erwachsenen Notwendiges einkaufen zu können. Kurzerhand wurden alle Schultische zu einem Laufsteg zusammengestellt, die Stühle fürs Publikum herausgeschleppt, und das ganze Dorf fand sich zum Ereignis ein. Die beiden Sieger bei den Mädchen und Jungen wurden mit Seife, Suppe, Süßigkeiten und Zahnbürste beschenkt und durften für einige Stunden eine Krone tragen. 500 Namibia-Dollar zählte Rebecca Heita für die Schulkasse.

Wo sind Otjiveros Männer? Wohin man auch schaut im Dorf, es sind die Frauen und die Kinder, die das Leben prägen. Sie haben die Läden für die Grundversorgung eröffnet, sechs Frauen betreiben eine Näherei, andere haben Garküchen ins Leben gerufen, sie haben sich Hühner angeschafft, eine hat gar eine kleine Schokoladenmanufaktur eröffnet. Sie haben eine lokale Ökonomie geschaffen, stellen die Mehrheit im Komitee und halten ihre Häuser, die Gärten drum herum sowie das Dorf insgesamt in einem tadellosen Zustand. Es ist schwer vorstellbar, wie armselig das Dorf vor zwei Jahren ausgesehen haben muss, als seine Bewohner nur mit dem nackten Überleben beschäftigt waren – alle erwähnen diesen krassen Unterschied.

Bei den Männern sind die Veränderungen durch das BIG weniger sichtbar. Es gibt den Kesselflicker, den Ziegelmacher und den Schuhmacher, die jetzt mehr Aufträge haben, aber sie verströmen nicht im selben Maße Aufbruchstimmung, Freiheit und Würde wie die Frauen. Es scheint wie bei den Mikrokrediten zu sein, Frauen machen mehr daraus. Nur anders als bei den Mikrokrediten erhöht das BIG die Kaufkraft aller, vor allem der Frauen, die auch die Gelder der Kinder verwalten, was ihren Familien zugute kommt.

Wenige Männer finden draußen regelmäßige Arbeit, weite Fußmärsche von den Familien entfernt. Viele hatten zu Zeiten bitterer Armut ihre Frauen und Kinder im Dorf zurückgelassen. Und seit es das BIG gibt, müssen diese ihre Männer nicht mehr ausfindig machen, damit die ihnen Geld zum Leben oder für andere Dienste geben. Die Restfamilie erlebt diese Zustände wie eine Befreiung.

»Die Ergebnisse haben unsere kühnsten Hoffnungen übertroffen und haben die Skeptiker in ihren wesentlichen Kritikpunkten widerlegt«, so Herbert Jauch. Er ist heute optimistisch, was die Wiederaufnahme des Projekts betrifft: »Die Regierung mag noch skeptisch sein, aber wir haben uns noch zwei Jahre gegeben, dann wollen wir das durchhaben.«

Bertha Hamases, unser Guide, macht sich dennoch Sorgen, was die Zukunft bringt. Man würde die große Unsicherheit aufziehen spüren, jetzt wo es nur das Übergangsgeld gebe, das eben schon nicht mehr ganz ausreiche, all die Errungenschaften zu verteidigen. Zudem sei immer noch niemand von der Regierung vorbeigekommen, um sie nach ihren Erfahrungen zu befragen.

Nun ist die SWAPO gefordert. Im November 2009 hat sie sich mit einer komfortablen Zwei-Drittel-Mehrheit zur Siegerin der Wahlen erklärt. Vor der Wahl wollte sie sich nicht zum BIG äußern. Nach der Wahl auch nicht. Die Regierung wird es aber nicht leicht haben, die Verbesserung des Lebens durch das BIG in Otjivero zu ignorieren. Der Bischof und die BIG-Koalition lassen keinen Zweifel an ihrer Kampfbereitschaft. Und das Komitee im Dorf ist willens, durch das ganze Land und den gesamten Kontinent zu reisen und für das BIG zu werben.

Das Modellprojekt wurde durch eine Untersuchung begleitet, die sich auf Interviews mit BewohnerInnen, mit Menschen an exponierten Positionen wie der Schulleiterin sowie auf Krankenstatistiken und Polizeiberichte stützte. Die Ergebnisse sind überaus beeindruckend:

• Es gibt keinen einzigen Fall von Unterernährung – zuvor mussten monatlich drei bis vier Kinder ins Krankenhaus eingeliefert werden. Generell sind die Voraussetzungen für Gesundheit enorm verbessert, auch für AIDS-Behandlungen, denn seit die Menschen besser ernährt sind, vertragen sie auch die starken Medikamente.
• 90 Prozent der Kinder gehen in die Schule, und 90 Prozent der Eltern, die BIG bekommen, bezahlen das Schulgeld.
• Lagen vor Projektbeginn 76 Prozent aller Haushalte unter der Armutsgrenze, sind es jetzt noch 36 Prozent.
• Es gibt Ansätze zu Kooperationen wie gemeinschaftlichen Ziegenkauf.
• Die ökonomische und sexuelle Abhängigkeit der Frauen von ihren Männern ist deutlich gesunken.
• Diebstahl und Beschaffungskriminalität nahmen ab, ein Anstieg von Alkoholismus ist nicht feststellbar. Da hat das Komitee ein bisschen nachgeholfen – am Tage der Auszahlung bleiben die Bars geschlossen.

Die Studie, mitfinanziert von der Friedrich-Ebert-Stiftung, kommt zu dem Schluss, dass »auf den Erfahrungen von Otjivero-Omitara basierend, man auf der sicheren Seite argumentieren kann, dass das BIG Armut und Arbeitslosigkeit reduzieren, ökonomische Aktivitäten und Produktivität steigern, Bildung und Gesundheit für die meisten Namibier verbessern wird«. In ihr wird zudem die Finanzierbarkeit eines Grundeinkommens für alle in Namibia aufgezeigt. Ganz nebenbei würde Namibia dadurch die Millenniumsziele erreichen, denen es sich verpflichtet hat.

Das BIG ist weder in Namibia noch anderswo ein Allheilmittel, und es ersetzt keine Arbeitsplätze, keine unkorrupte Regierung, keine funktionierende Bildung und keine Stromversorgung. Aber es hat Ideen freigesetzt, zur »Befreiung des Geistes« geführt, wie Bischof Kameeta sagt.

Es ist unübersehbar, dass das BIG noch so viel mehr bewirkt hätte, wenn Schulen wirklich frei wären, so wie in der Verfassung garantiert, oder wenn Entwicklungshilfe wirklich greifen würde. Otjivero hätte im Rahmen des zweijährigen Pilotprojekts nachhaltige Strukturen entwickeln können, wenn Transport- und Energiekosten nicht einen großen Anteil der Einkommen verschlungen hätten. Und die Gesellschaft für technische Zusammenarbeit (GTZ) hätte ihren selbstgesteckten Zielen näher kommen können, wenn sie dem Dorf einen Kleinbus und eine Solaranlage zur Verfügung gestellt hätte. Überhaupt hätte wirksame Entwicklungspolitik verhindern müssen, dass die Regierung die Bahnstation schließt und die Menschen statt 32 Namibia-Dollar jetzt fast das Doppelte für den Transport auf der Straße ausgeben müssen.

Nicht, dass der namibischen Regierung die Entscheidung

über die Einführung des BIG mit deutscher Entwicklungshilfe abgenommen werden sollte. Nein, die SWAPO, die in
ihrem Parteinamen das »Volk« trägt, sollte ihren eigenen Auftrag ernst nehmen und der Kommissionsempfehlung folgen,
für deren Sinnhaftigkeit das Pilotprojekt in Otjivero ein so
eindrucksvoller Nachweis ist.

Dennoch kann man sich nicht der Vorstellung entziehen,
auf welch fruchtbaren Boden die größte Pro-Kopf-Entwick-
lungshilfe fallen könnte, mit der Deutschland weltweit ein
Land bedenkt, wenn sie bei den Menschen direkt ankäme.
Das Haus des Herrn Niebel gibt jährlich 30 Millionen Euro
an Namibia, das privilegierte »Partnerland der deutschen Entwicklungszusammenarbeit«. Fünfzehn Euro pro Person wären
eineinhalb Monate Grundeinkommen, in der Art des Zehnten,
den man dazugeben könnte.

Überhaupt bringt die Erfahrung in Otjivero die entscheidende Frage auf die Tagesordnung: Weshalb wird die klassische Entwicklungshilfe, die weltweit Korruption stark und
Machthaber, Despoten, Diktatoren, Clans und Warlords
reich gemacht, aber Armut nicht wirklich bekämpft hat, nicht
radikal auf das bedingungslose Grundeinkommen umgestellt?

Wie könnte man besser dem Wohle und der Würde der
Menschen gerecht werden? Wie besser die Richtlinien des
Bundesministeriums für wirtschaftliche Zusammenarbeit
und Entwicklung (BMZ) umsetzen: »Die Entwicklungszusammenarbeit versucht generell, Menschen dabei zu helfen,
ihre Lebensbedingungen zu verbessern. Ziel (...) ist vor
allem, Armut zu bekämpfen und weltweit die Kluft zwischen
Arm und Reich zu verringern. Entwicklungszusammenarbeit
wird heute als globale Struktur- und Friedenspolitik verstanden. Sie soll helfen, Krisen und Konflikte friedlich zu bewäl-

12. KAPITEL

Finanzierung des Grundeinkommens

Was kostet das Grundeinkommen?

Sosehr das Grundeinkommen vielen einleuchtet, so treibt sie doch die zweifelnde Frage um: Können wir uns ein Grundeinkommen für alle überhaupt leisten?

Tausend Euro für jeden – das sind bei einer Bevölkerung von 83 Millionen immerhin Gesamtkosten von 83 Milliarden Euro. Im Monat! Wäre ein solches Grundeinkommen Realität, müsste, wie bereits erwähnt, eine Summe von rund einer Billion Euro im Jahr aufgebracht werden. Das gesamtdeutsche Bruttoinlandsprodukt lag 2009 bei 2,4 Billionen Euro, die natürlich nicht voll zur Verteilung anstehen, denn erst müssen von ihnen die anfallenden Abschreibungen und die Produktions- und Importabgaben abgezogen werden. Nur das, was dann bleibt, ist disponibel, und das waren in 2009 rund 1,8 Billionen Euro. Hätten wir davon mehr als die Hälfte, eine Billion Euro, an die Bevölkerung ausschütten sollen?

Das wäre zu kurz gedacht: Das Grundeinkommen soll ja nicht jedem in die Hand gedrückt werden wie eine Schachtel Pralinen. Diejenigen, die ein Einkommen haben – sei es durch Arbeit, sei es durch Finanzgeschäfte –, bekommen das Geld nur theoretisch. Faktisch wird das Grundeinkommen mit den zu zahlenden Steuern verrechnet. Es wirkt also zunächst nur wie ein Steuerfreibetrag, den der Staat ja auch heute schon vielen Menschen gewährt, wenngleich je nach Lebensumstand in unterschiedlicher Höhe.

Der Staat gewährt aber nicht nur Steuerfreibeträge. Seine Sozialausgaben betrugen in 2009 rund 750 Milliarden Euro, das wären bei gleichmäßiger Verteilung rund 9000 Euro je Einwohner. Neun Jahre vorher, im Jahr 2000, waren es noch 650 Milliarden Euro, also 7800 Euro je Einwohner. Offenbar sind die monatlichen »Tausend Euro für jeden« keine Utopie. Wir bewegen uns mit der Höhe der Sozialausgaben zügig in diese Richtung.

André Presse vom Institut für Entrepreneurship der Universität Karlsruhe (TH) des Karlsruher Instituts für Technologie (KIT) hat deswegen in seiner Dissertation über das Thema »Grundeinkommen – Ideen und Vorschläge zu seiner Realisierung« nicht nur theoretische Kosten ermittelt, sondern genau ausgerechnet, welchen *Mehraufwand* ein bedingungsloses Grundeinkommen bedeuten würde. Denn genau wie bei einem Umstieg vom Auto auf Bus und Bahn ist nicht relevant, was die Tickets insgesamt kosten, sondern was für die Fahrten im Öffentlichen Personennahverkehr im Verhältnis zu den bisherigen Autofahrten aufzuwenden ist. Und in diesen Relationen ist das Grundeinkommen ausgesprochen günstig zu haben. Nach André Presse gibt es – bei einem Grundeinkommen in Höhe von tausend Euro – nur einen Differenzbetrag, also einen Mehraufwand, von etwa dreißig Milliarden Euro.

Dieses »Mehr« macht weniger als drei Prozent unserer Staatsausgaben in 2009 aus. Damit wäre die Armut aus Deutschland verbannt und wäre die erhöhte Kaufkraft der

Nun-nicht-mehr-Armen als Treibstoff für den Konjunktur-apparat bereitgestellt: zum Nutzen aller.

Für die Einkommensteuer haben wir heute wie selbstver-ständlich einen Einkommensteuerfreibetrag, weil wir sagen: Es ist doch klar, dass wir das Existenzminimum steuerfrei halten müssen. Wir wollen als Gesellschaft nicht, dass Men-schen verhungern, weil sie von einem Einkommen in Höhe des Existenzminimums auch noch Steuern bezahlen müssen. Für die Konsumsteuer beziehungsweise die Mehrwertsteuer haben wir den noch nicht.

Statt Hartz-IV-Angst einfach Geld aufs Konto

Was die Finanzierung des Grundeinkommens angeht, könn-ten wir im Prinzip sofort den Systemwechsel vollziehen. Wir könnten uns ein bedingungsloses Grundeinkommen schon heute leisten! Jetzt. Sofort. Schalter umlegen und los. Statt bürokratischer Odysseen gibt es einfach Bares aufs Konto. Alles andere bleibt, wie es war.

Die Kosten wären dieselben, egal ob wir unser heutiges System beibehalten oder auf Grundeinkommen umstellen. Der Unterschied: Unser heutiges Sozialsystem ist kompli-ziert, teuer und ungerecht. 155 verschiedene Sozialleistungen existieren für Bedarfsberechtigte, 38 verschiedene Behörden übernehmen die Verteilung. Das reicht von Erziehungsgeld und der Bezuschussung der Riester-Rente bis zur Kriegsop-ferfürsorge. Trotzdem bleiben viele Bedürftige auf der Strecke. Beim Grundeinkommen von tausend Euro für jeden wäre damit Schluss, es wäre nicht nur existenzsichernd, sondern sicherte auch die kulturelle Teilhabe.

Solange man nicht mehr Geld ausgeben will, als man hat, ist klar, dass die Höhe des bedingungslosen Grundeinkommens von der Höhe des Steueraufkommens abhängig ist, egal durch welche Steuerart das Geld eingenommen wird. Die Höhe des Grundeinkommens ist demnach der erste Knackpunkt, die Art und Höhe der Steuern der zweite, die gesamtgesellschaftliche Wertschöpfung der dritte. Die würde, wie weiter unten beschrieben wird, durch Grundeinkommen und Konsumbesteuerung steigen. Beides ist und bleibt eine politische Entscheidung. In den Diskussionen über das Grundeinkommen müssen – wenn denn mal die Stufe des »ob überhaupt« überwunden ist und man sich dem »wie« zuwendet – diese Fragen immer miteinander verquickt werden.

Grundeinkommen aus der Steckdose?

Bei den Steuern ist es wie mit dem Strom. Letztlich weiß man nicht, wie er in die Steckdose kommt. Wir haben mehr als dreißig Steuerarten in Deutschland. Das reicht von der vieldiskutierten Einkommensteuer über die Umsatzsteuer, die Gewerbesteuer und die Zinsabschlagsteuer bis zur Energie-, Tabak- und Branntweinsteuer und der Kraftfahrzeug-, Grunderwerb- und Erbschaftssteuer.

Das alles ist nichts als eine hochkomplizierte und wenig effiziente Umverteilungsmaschinerie, die sich vereinfachen

Vier Wege zum Grundeinkommen

Ziel und Nutzen eines bedingungslosen Grundeinkommens sind, dass Menschen endlich in Ruhe arbeiten können, frei von Existenzangst. Um diesen Zustand konkrete Gestalt annehmen zu lassen, gibt es über die radikale Änderung des Steuersystems hin zur Konsumsteuer hinaus, über die noch zu sprechen sein wird, inklusive der Modellprojekte vier Wege. Grundsätzlich gilt dabei der alte Leitsatz: Die Besteigung des höchsten Gipfels beginnt mit dem ersten Schritt. Durch Modellprojekte, die Methode der kleinen Schritte, die »Wellenmethode« und durch eine konsequente »Negative Einkommensteuer«.

1. Das Modellprojekt

Bei dieser Methode, deren Verfechterin Adrienne Goehler ist, würde man das Grundeinkommen zunächst beschränkt auf einen Zeitraum von fünf Jahren beziehen, als Modellversuch begleitet von Forschungsteams – das würde selbstverständlich ein paar Milliarden kosten. Und man müsste versuchen zu gewährleisten, dass diejenigen, die sich zu dem gemeinsamen Experiment verpflichten, während der gesamten Zeit der Studie Teil des Projekts blieben. Man könnte etwa in Mecklenburg-Vorpommern anfangen oder in Berlin, oder in Oberhausen, einer klassisch schrumpfenden und überalterten Stadt, oder Duisburg, das vor noch nicht langer Zeit für Aufsehen sorgte. Dort wurde, um zu sparen, die Wassertemperatur in städtischen Schwimmbädern gesenkt.

All diesen Orten ist gemeinsam, dass die öffentliche Hand immer klammer wird und die sozialen Verwerfungen mit Händen zu greifen sind, wenn Bücherhallen die Öffnungszeiten verkürzen müssen oder gar schließen, wenn die Jugend- und Alteneinrichtungen kein Personal mehr einstellen können und die Kaufkraft der BewohnerInnen so gering ist, dass immer mehr Geschäfte schließen müssen.

Egal, wo ein solches Pilotprojekt stattfinden würde, es könnte bzw. müsste vom Forschungsministerium, gemeinsam mit weiteren öffentlichen Bundes- und Landesgeldern, Unternehmen und Stiftungen getragen werden. Neben den BewohnerInnen wären an ihm die unterschiedlichsten Wissenschaften und Künste, Verwaltungsfachleute, Mediatoren und auch Gewerkschaften und Arbeitgeber mit ihren Standpunkten beteiligt.

Der Stadt, dem Dorf, der Region wäre nicht nur eine weltweite wissenschaftliche Aufmerksamkeit gewiss, sondern auch eine internationale Medienöffentlichkeit, wie es Otjivero erlebt hat oder die Stromrebellengemeinde Schönau im Schwarzwald. Die dortigen Elektrizitätswerke betreiben das örtliche Stromnetz und vertreiben in ganz Deutschland Ökostrom. Von überall her kommen die Leute, um sich dieses Modell anzuschauen, und haben Schönau nicht nur zur Verbreitung ihrer Ideen verholfen, sondern auch zu vielen zusätzlichen Arbeitsplätzen.

Den ersten konkreten Testlauf in Deutschland will in naher Zukunft die Stuttgarter Breuninger-Stiftung starten. Er soll die Idee des bedingungslosen Grundeinkommens einem Realitätstest unterziehen. Zwei Feldversuche werden unternommen, um zu belegen, dass die vorbehaltlose Zahlung eines fixen Grundgehalts Menschen zu beruflich oder sozial sinnvollen Tätigkeiten animiert. Während der Projektzeit werden sie dabei unterstützt, ihre Ideen umzusetzen, und mit anderen Teilnehmern vernetzt. Helga Breuninger, Erbin des gleichnamigen Stuttgarter Kaufhauses und Leiterin der Breuninger-Stiftung, rief dazu eine Projektgruppe ins Leben, die unter Mitwirkung des Interfakultativen Instituts für Entrepreneurship in Karlsruhe einen Versuchsplan ausarbeitete. Bis zu hundert TeilnehmerInnen an zwei deutschen Standorten sollen demnach für einen Zeitraum von ein bis zwei Jahren ein festes Grundeinkommen erhalten, nämlich monatlich 800 Euro netto, zuzüglich der Beiträge zur Sozialversicherung.

Um möglichst aussagekräftige Ergebnisse zu erhalten, hat die Projektgruppe zwei Testgebiete mit unterschiedlicher Wirtschaftskraft ausgewählt – das finanzstarke Stuttgart und eine strukturschwache Gemeinde in Brandenburg. Die Gesamtkosten dieses Feldversuchs werden – je nach Laufzeit und Teilnehmerzahl – auf mindestens 1,5 Millionen Euro veranschlagt. Die Breuninger-Stiftung will die Sockelfinanzierung dieses Experimentes und die Finanzierung eines »Ermöglichungsraumes« (Qualifizierung und Vernetzung) übernehmen; zusätzlich sollen öffentliche Mittel, aber auch Spenden von Unternehmen und anderen Stiftungen akquiriert werden. In Baden-Württemberg sind die Gespräche mit der Politik vorerst gescheitert, in Brandenburg ist das Interesse größer. Sobald eine Zusage für die Mitfinanzierung durch das Land Brandenburg eingetroffen ist, könnte es losgehen.

2. Die Methode der kleinen Schritte

Bei der Methode der kleinen Schritte würde man das Grundeinkommen sofort für alle einführen, aber zunächst noch nicht in existenzsichernder Höhe. Erst durch schrittweise Erhöhung des Betrages würden die Menschen irgendwann ein Grundeinkommen erhalten, das als Kulturminimum ausreichen würde. Für dieses Modell spricht, dass es leicht zu realisieren wäre. So könnte man beispielsweise durch eine dezente Erhöhung der Mehrwertsteuer ein kleines Grundeinkommen finanzieren, ohne irgendetwas anderes verändern zu müssen. Wenn man beispielsweise die Mehrwertsteuer um zwei Prozent erhöhen würde, hätte man jährlich etwa zwanzig Milliarden Euro mehr im Staatssäckel. Würde man dieses Geld direkt wieder auszahlen, wären das etwa zwanzig Euro für jeden, im Monat. So könnte man einen langsamen Einstieg in ein negatives Steuersystem finden. Fortan würde die Höhe des Grundeinkommens über Jahre hinweg ansteigen, bis das Steuersystem komplett umgekrempelt wäre.

Konkrete politische Bestrebungen, einen ersten Schritt zu unternehmen, gibt es in der Slowakei. Dort will der Wahlgewinner vom Juni 2010, der Liberale Richard Sulik, trotz knallharten Sparkurses ein Grundeinkommen für jeden Slowaken in Höhe von 185 Euro einführen. Das entspricht sogar der derzeitigen Höhe des Existenzminimums in der Slowakei.

Der Mehrwertsteueranhebung ähnlich ist die Einführung einer *Ressourcensteuer* – die sich jedoch nur für bestimmte Länder anbietet. Dabei würde der Verbrauch natürlicher Rohstoffe besteuert – wie wir es von der Energiesteuer oder auch der Wasser- oder Rohstoffsteuer bereits kennen. In Australien zum Beispiel ist eine Minensteuer vorgesehen: Ab 2012 soll demnach eine Steuer von vierzig Prozent auf Gewinne erhoben werden, die aus Rohstoffen generiert wurden. Das werden satte Staatseinnahmen, denn Australien hat die weltgrößten Vorkommen an Uran, Zink und Blei, zudem Gold, Erdgas und Öl, Mangan und Silber, Kupfer und Quarze, ist der zweitgrößte Diamantenschürfer und der größte Steinkohleexporteur der Welt. Eine Ressourcensteuer fällt hier also wirklich ins Gewicht. Sie könnte auch in anderen rohstoffreichen Nationen das Mittel der Wahl sein, wie etwa in Namibia.

Ein Grundeinkommen auf Basis der Erdölverkäufe wurde in der Islamischen Republik Iran von Mehdi Karroubi, einem der beiden prominenten Herausforderer von Ahmadinedschad, ins Spiel gebracht. Sein Programm sah ein Grundeinkommen vor, das allen Iranern eine Leibrente von etwa fünfzig Euro im Monat garantiert.

Nur die wenigsten werden wissen, dass es in den USA bereits ein – ressourcenfinanziertes! – Grundeinkommen gibt, aber nur in einem Bundesstaat, in Alaska. Dort erhält jede Person, von Geburt an, etwas mehr als tausend Dollar – allerdings im Jahr, nicht im Monat. In Alaska wurden Ende des 19. Jahrhunderts große Ölvorkommen entdeckt. Der Bundesstaat verkaufte die Rechte zur Ölförderung an private Unternehmen und kassierte viele Millionen Dollar, bis in den 1960er Jahren der Unmut in der Bevölkerung wuchs, die der Regierung Verschwendung vorwarf und die Gewinne anders verteilt haben wollte. Als nach der Verlegung der Trans-Alaska-Pipeline, 1976, erneut 900 Millionen US-Dollar in die Kassen des Bundesstaats flossen, setzte das Volk durch, aus diesem Geld ein Fonds einzurichten: Die »Alaska Permanent Fund Corporation« legt die Einnahmen aus der Ölförderung an und sichert die Erträge als nachhaltige Einnahmequelle für künftige Generationen.

Daraus wird seit Anfang der 1980er Jahre an alle etwa 600 000 Einwohner Alaskas ein Grundeinkommen ausgezahlt, das etwa so hoch ist wie sechs Prozent eines durchschnittlichen Haushaltseinkommens. Aus 386 Dollar Auszahlungsbetrag im Jahr 1983 wurden 1305 Dollar im Jahr 2009. Der Betrag hängt davon ab, welche Dividenden der Fonds an den internationalen Finanzmärkten erzielt. Und die schwanken bekanntlich erheblich.

Alaska gibt nur eine Ahnung vom Grundeinkommen, obwohl es bedingungslos gezahlt, individuell und ohne jeglichen Arbeitszwang ausgeschüttet wird. Aber mehr als um die Summe, die ja eher einer Weihnachtsgratifikation entspricht, geht es darum, dass sich ein anderes Denken hinter dieser eher symbolischen Geste zeigt, was wir in Deutschland ganz mühsam werden lernen müssen: das von der Teilhabe aller an den Gemeinschaftsgütern.

In Norwegen sorgt der Energiereichtum des Landes für den Grundsockel eines staatlichen Pensionsfonds, der an internationalen Aktiengesellschaften beteiligt ist und als der größte Pensionsfonds der Welt gilt. In ihn fließen die Einnahmen aus Steuern, Lizenzen und der Förderung von Öl und Erdgas vor der Küste Norwegens. Nach dem Vorbild von Alaska errechnet Finn E. Kydland, Wirtschaftsnobelpreisträger von 2004, gegenwärtig, ob ein Teil der Gewinne des Pensionsfonds jährlich an die Bevölkerung ausgeschüttet werden kann.

Analog zur Ressourcensteuer kann man die Emissionssteuer werten, die in Europa seit 2005 gilt. Die Idee: Wer Abgase in die Luft bläst oder Abwasser in die Flüsse leitet, muss dafür bezahlen, wenn er festgelegte Grenzwerte überschreitet. Jeder bekommt ein bestimmtes (umweltverträgliches) Maß an Emissionsrechten. Wer viel davon braucht, muss dazukaufen. Wer nicht viel braucht, kann seine Überschüsse an andere verkaufen. Emissionen sind damit plötzlich nicht mehr unbegrenzt möglich, es entsteht ein Preis, auf den man wiederum eine Steuer erheben könnte.

In der EU und auch in anderen Ländern wird ein auf Unternehmen beschränkter Handel mit Emissionen bereits praktiziert. Probat wäre jedoch nur eine globale Lösung. Würde man heute die Emissionsrechte für CO_2 weltweit versteigern und die Einnahmen daraus als Grundeinkommen auszahlen, würde man damit zwei grundlegende Probleme des 21. Jahrhunderts gleichzeitig lösen: Zum einen würde man die CO_2-Emissionen wirksam begrenzen, also den befürchteten Klimawandel bremsen. Zum anderen würde – je nach Auktionspreis – jeder Mensch zwischen 13 und 14 Dollar pro Monat bekommen. Wir mögen in Europa solche »Peanuts« verachten, aber im Weltmaßstab kann dieser Betrag ein minimales Auskommen sichern und damit etwa den Zugang zu sauberem Trinkwasser und Grundernährung. In Otjivero, Namibia, hat das Grundeinkommen wie berichtet lediglich rund zehn Euro im Monat betragen.

Das bedingungslose Grundeinkommen ist ein Modell, das eine Antwort auf Umwelt-, Verteilungs- und Gerechtigkeitsfragen hat. Nachhaltiges Wirtschaften ist ein entscheidender Wettbewerbsfaktor. Rahmen- und Randbedingungen müssen geschaffen werden, die nachhaltiges Produzieren und Konsumieren fördern. Dafür braucht es, wie die *Süddeutsche Zeitung* im Juni 2010 schrieb: »Offenheit für Ideen wie die eines bedingungslosen Grundeinkommens in Kombination mit einer veränderten Steuerpolitik, die wirkliche Anreize für nachhaltiges Wirtschaften schafft (...). Was spricht gegen ein bedingungsloses Grundeinkommen, dessen Notwendigkeit Götz Werner eindrucksvoll dargestellt hat?«

3. Die Wellenmethode

Die Wellenmethode würde beim heutigen Transfermodell anknüpfen und zunächst einzelne Bevölkerungsgruppen mit einem bedingungslosen Grundeinkommen ausstatten: Selbst erbitterte Gegner des Grundeinkommens werden zugeben, dass zumindest zwei gesellschaftliche Gruppen unbedingt Anspruch auf Sicherung der materiellen Existenz haben – und zwar über die körperlichen Grundbedürfnisse hinaus: Kinder und Alte. Eine Gesellschaft, die ihren Kindern die Existenzsicherung und kulturelle Teilhabe verweigert, beschneidet ihre eigenen Zukunftsperspektiven. Und auch die Generation, welche die Grundlagen für den heutigen wirtschaftlichen Standard erst geschaffen hat, lebt unverschuldet zu oft am Existenzminimum. Anders gesagt: Kinderarmut ist gesellschaftlich gesehen Dummheit, Altersarmut grober Undank!

Ein Kind vernünftig zu ernähren und zu kleiden, ihm ein angemessenes Zuhause zu bieten, es mit Büchern und Spielzeug zu versorgen und ihm eine gute Ausbildung zu ermöglichen, kostet für alle Eltern – ob reich oder arm – in etwa dasselbe. Es ist maßlos ungerecht, wenn Wohlhabende von den heutigen Kindergeldregelungen stärker profitieren als arme Schichten. Statt weiterer immer undurchschaubarerer Kindergeld-, Elterngeld- oder sonstiger Zuschüsse brauchen wir ein einfaches und gerechtes staatliches System zur Absicherung unserer Kinder und Jugend: zum Beispiel ein bedingungsloses

Als Konsumierende haben wir deswegen ein großes Interesse daran, dass diejenigen, die Leistung für uns erbringen, dies möglichst ungestört tun können – und möglichst wenig mit Kosten belastet werden. Je höher die Steuerbelastung der Produktion ist, desto teurer wird das Produkt und desto weniger können wir für unser Geld kaufen. Deswegen stehen wir ja täglich vor dem Konflikt, ob wir etwa das billige T-Shirt aus Asien kaufen, wo keine oder geringere Besteuerungen auf den Produktpreis aufgeschlagen werden müssen, oder das teure aus deutscher Herstellung, das den Arbeitsplatz unserer Nachbarin sichert. Eine Einkommensbesteuerung ist deswegen nicht mehr zeitgemäß. Wir müssen stattdessen das Wertschöpfungsergebnis, also das Produkt oder die Dienstleistung besteuern, die am Ende allen wirtschaftlichen Wirkens steht. Das geschieht heute schon, durch die Mehrwertsteuer. Schließlich muss jede wirtschaftliche Wertschöpfung irgendwann zu einem konsumierbaren Gut oder zu einer sinnvollen, tatsächlich nachgefragten Dienstleistung führen. Tut sie das nicht, handelt es sich um sinnlose Beschäftigungstherapie. Kein Unternehmen wird Güter produzieren, die niemand haben will. Erst im Moment des Konsums zeigt sich, ob tatsächlich eine Wertschöpfung stattgefunden hat. Genau dann kann und muss der Steuerzugriff erfolgen. Und voilà: Das ist die Konsumsteuer.

Ein Unternehmen ist das Ergebnis des – möglichst sinnvoll geordneten – Ineinandergreifens einer großen Zahl einzelner menschlicher Initiativen. *Sehen* können wir dabei nur die materiellen Ressourcen selbst – die Gebäude, die Maschinen und die Werkzeuge. Doch in dem, was wir sehen, steckt nicht die kreative unternehmerische Kraft. Einer der beiden Gründer eines in Stuttgart ansässigen bekannten Kolbenherstellers pflegte, nach der Substanz seines Unternehmens befragt, gerne zu sagen: »Ohne uns – alles Schrott!«

Das Kapital ist kein Sack Geld, keine Fabrik, sondern eine gesellschaftlich produktiv wirkende Kraft. Die geistige Kraft, die ein Unternehmen formt, ist das einzig Interessante am Kapital. Ohne diese Kraft wäre jede Firma eine mehr oder weniger chaotische Ansammlung von Gebäuden, Maschinen und Schreibtischen, es wäre eben »alles Schrott«.

Die Einkommensteuer, auf der unser heutiges Steuersystem überwiegend basiert, bewirkt inzwischen etwas, das geradezu widersinnig ist: Man greift mit ihr in den Prozess der gesellschaftlichen Wertschöpfung ein, bevor dieser zu einem Abschluss gekommen ist – nämlich zu konsumfähigen Produkten und Dienstleistungen.

Knospenfrevel am gemeinschaftlichen Apfelbaum

Es ist wie auf der Obstwiese: Bevor man Äpfel ernten kann, muss man erst einen Apfelbaum pflanzen. Unabdingbar ist es zudem, rechtzeitig Rücklagen zu bilden, sprich, neue Bäumchen zu ziehen. Man sollte vor der Ernte natürlich nicht den Baum fällen – und vor allem seine Äpfel nicht pflücken, bevor sie reif sind. Genau das aber versuchen alle Steuern, die in den laufenden Wertschöpfungsprozess eingreifen, *bevor* konsumfähige Güter und Dienstleistungen entstanden sind. Wer bereits den Anbau von Äpfeln besteuert und nicht erst deren Verbrauch, der betreibt Knospenfrevel. Man schmälert damit

Grundeinkommen und
Konsumsteuer

Es mag wie ein Sakrileg klingen: Aber in einem funktionierenden Sozialsystem sollten Unternehmen in der Tat überhaupt keine Steuern zahlen. Denn Unternehmen an sich sind weder »arm« noch »reich«. Es ist auch nicht ihre *Aufgabe,* irgendwen reich zu machen. Die Aufgabe von Unternehmen ist es, die Menschen einerseits mit Gütern und Dienstleistungen und andererseits mit Einkommen zu versorgen. Und beides können sie am besten, wenn steuerliche Überlegungen für ihr Handeln *überhaupt keine Rolle spielen.*

Dasselbe gilt für das Einkommen. Es wird unserer gesellschaftlichen Gegenwart nicht mehr gerecht, das Einkommen ausschließlich an die bezahlte Erwerbsarbeit zu koppeln. Zunehmend wird der Produktionsfaktor »Mensch« ja durch den Produktionsfaktor »Maschine« ersetzt. Das heißt jedoch, dass wir auch die Einkommensquelle ersetzen müssen – diese kann eben nicht mehr nur die Erwerbsarbeit sein. Zynischerweise werden ja die, die durch Automatisierung von ihrer Arbeit befreit wurden, heute auch von ihrem Einkommen befreit.

Deswegen gehören Grundeinkommen und Konsumsteuer unbedingt zusammen: Mit dem Grundeinkommen lassen wir die *Menschen* in Ruhe arbeiten, frei von Existenzangst. Mit der Konsumbesteuerung lassen wir das *Kapital* in Ruhe arbeiten, frei von Zugriffen, bevor die Wertschöpfung in konsumfähigen Leistungen für die Gesellschaft zu einem Abschluss gekommen ist.

Konsumsteuer schafft Transparenz

Unser aktuelles System täuscht uns systematisch über die Kosten und die Finanzierung aller von uns beauftragten öffentlichen Leistungen. Und wir vernebeln damit eine wesentliche Grundlage unserer demokratischen Entscheidungsfindung.

Denn wer trägt eigentlich heute die Steuerlast? Die Angestellten glauben intuitiv, sie trügen sie so gut wie alleine. Vor zweihundert Jahren haben Bauern ihren »Zehnten« in Form von Äpfeln oder einem Sack Kartoffeln noch real entrichtet. Das Empfinden, dass wir von unserem Erwirtschafteten etwas abgeben, haben wir heute noch. Schließlich wird uns ja Geld vom Konto abgezogen oder schlimmer noch, vom Arbeitgeber gar nicht erst ausgezahlt, sondern direkt an den Staat abgeführt. Doch nun ist es ja nicht so, dass wir das Geld wie Äpfel von den Bäumen pflücken oder wie Kartoffeln aus der Erde holen. Geld ist ein »Tauschversprechen«. Wir bekommen es, wenn wir eine Leistung erbracht haben, als Versprechen, dass wir das Geld an anderer Stelle gegen eine andere Leistung eintauschen können. Und woher kommt das Geld? Zunächst vom Unternehmen. Aber das Unternehmen hat das Geld vom Kunden, und zwar nur, wenn der Kunde die Produkte oder Dienstleistungen, die das Unternehmen anbietet, auch wirklich kauft. Am Ende werden alle Steuern also durch die, die konsumieren, getragen.

Wer etwas herstellt, das niemand haben will, hat in diesem Sinne gerade *keine* Werte geschaffen, sondern Geld verpulvert. Deswegen ist es besonders widersinnig, Unternehmen und Arbeitskräfte zu besteuern, *bevor* die Waren verkauft sind. Die derzeitigen Einkommen- und Ertragssteuern ver-

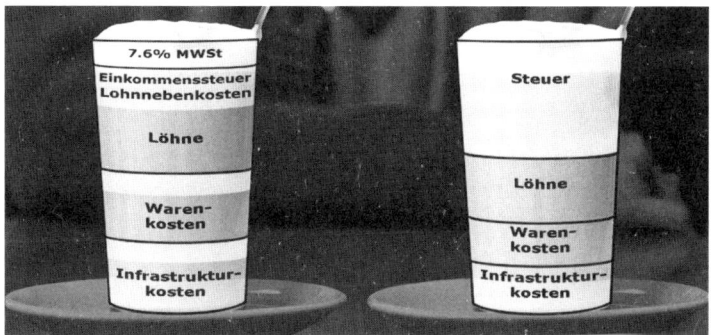

Was zahle ich, wenn ich eine Latte Macchiato trinke? Bild aus dem
Film »Grundeinkommen – ein Kulturimpuls« von Enno Schmidt
und Daniel Häni, Basel, CC. Link zum Film: www.kultkino.ch/kult-
kino/besonderes/grundeinkommen

zerren obendrein die Preisbildung. Am Ende werden nämlich
alle Kosten, ob Telefon, Miete oder eben Einkommensteuern
in die Produkte und Dienstleistungen »eingepreist«.

Daniel Häni und Enno Schmidt haben in ihrem Film zum
Grundeinkommen auf treffende Weise visualisiert, wie sich
der Steueranteil in unseren Produkten tatsächlich darstellt:
Auf einer Latte Macchiato liegen in der Schweiz derzeit
7,6 Prozent Mehrwertsteuer. Ansonsten setzen sich die Kosten für das Getränk grundsätzlich betrachtet aus Lohnkosten
(ca. ½), Waren- und Infrastrukturkosten (je ca. ¼) zusammen.

Bei genauerem Hinsehen (Bild links) ist zu erkennen, dass
auf jeden dieser drei Kostenfaktoren jeweils wieder Steuern
anfallen, Einkommensteuern, Lohnnebenkosten oder irgend-
eine andere der vielen möglichen Steuerarten. Der sogenannte Nettopreis eines Produktes enthält in Wahrheit also
einen hohen Steueranteil. Im Unternehmerjargon würde man
sagen: Die Kosten (also auch die Steuern) werden verkalku-
liert. Sämtliche Steuern und Abgaben, also auch Einkommen-

steuern und Sozialabgaben, werden von den Unternehmen auf den Verkaufspreis ihrer Produkte umgelegt, somit letztlich vom Konsumenten bezahlt. Addiert man all diese Steuern, ergibt sich ein Steueranteil von fünfzig Prozent (Bild rechts). Man könnte diese Steuern im Vorfeld also erlassen und am Ende direkt als Mehrwert- oder Konsumsteuer zusammenfassen. Die Verbraucherpreise blieben insgesamt stabil, da im Gegenzug zur steigenden Mehrwertsteuer die eingepreisten Steuern in den Produktionskosten entfallen. Die Mehrwertsteuer steigt, aber die Herstellungskosten sinken. Der Preis der Latte Macchiato bleibt in unserem Beispiel gleich, und die Befürchtung, die Preise würden sich durch Konsumsteuer einfach erhöhen, erweist sich als unbegründet.

Lüftet man den Schleier der Preise, wird offensichtlich, dass alle Kosten und Steuern, die im Laufe der Herstellung und Bereitstellung von Gütern und Dienstleistungen entstehen, in deren Preisen enthalten sind und somit beim Erwerb durch den Endverbraucher bezahlt werden. Die Produktpreise enthalten sowohl Unternehmensgewinn und -steuern als auch die Kosten für Rohstoffe und Maschinen sowie sämtliche Zahlungen an die Arbeitskräfte, egal ob sie in Form von Gehalt, Lohnnebenkosten oder sonstigen Arbeitgeberleistungen wie Lohnfortzahlung im Krankheitsfall, Urlaubsgeld oder Betriebsrente geleistet werden. Am Ende zahlt immer der Konsument.

Im Falle einer einzigen Steuer, nämlich der Konsumsteuer, wüssten wir wenigstens, wie viel und für was genau wir bezahlen. Wobei vielleicht gerade das der Grund ist, warum die Politik gegen diese Art vereinfachter Steuerlast ist: Transparenz erhöht das Widerspruchsrisiko. Es könnte sein, dass auch die Deutschen sich fragen, was mit dem vielen Geld, das sie bezahlen, eigentlich passiert.

Konsumsteuer schafft Gerechtigkeit

Das klassische Gegenargument gegen die Konsumsteuer ist die Sorge, dass die Ärmeren einen größeren proportionalen Anteil ihres Einkommens für sie aufbringen müssten als die Reicheren. Nun könnte man einwenden, dass die derzeitige Einkommensteuer auch nicht wirklich progressiv gerecht ist, weil die reicheren Leute sehr viel mehr Möglichkeiten haben, ihr Einkommen zu verstecken oder Lösungen der Steuerminderung zu finden.

Unabhängig davon birgt die Konsumsteuer in sich eine simple Form von Gerechtigkeit: Wer mehr konsumiert, zahlt mehr Steuern. Wer weniger konsumiert, zahlt weniger Steuern. Man kann davon ausgehen, dass Reiche mehr konsumieren, also werden sie auch mehr Steuern zahlen. Wenn man ganz sichergehen will, dass Reiche deutlich mehr Steuern zahlen als Ärmere, dann besteuert man Luxusgüter höher als Standardgüter. So funktioniert das ja heute schon, wenn wir beispielsweise beim Kauf von Brot sieben Prozent und beim Kauf eines Autos 19 Prozent Mehrwertsteuer bezahlen müssen.

Eine andere Kritik an der Konsumsteuer ist, dass die Reichen von ihr profitieren würden. Diese könnten ihr angehäuftes Geld ja gar nicht gänzlich ausgeben – und würden dann ihr gehortetes Kapital irgendwo gewinnbringend investieren, was sie ja auch heute schon tun. Dieses Argument besticht auf den ersten Blick. Dazu kommt, dass Vermögende heute ihre Gewinne als Einkommen versteuern müssen, in einem reinen Konsumsteuersystem jedoch keine Steuern mehr bezahlen müssten. So würden die Reichen reicher. Eine Entwicklung, die auch das heutige Steuersystem nicht aufhält. Das bedingungslose Grundeinkommen soll nicht Reichtum verhindern – im Gegenteil. Wer Geld verdienen will und kann, soll das gerne tun. Denn von der Wertschöpfung Einzelner profitiert die auf Austausch angelegte Gesellschaft ganz erheblich. Auch wenn dieser Satz zum neoliberalen Mantra verkommen ist: Leistung kann und soll sich lohnen. Genau dasselbe will die Konsumsteuer: nicht Vermögen abschaffen, sondern Wertschöpfung ermöglichen – Grundeinkommen und Konsumsteuer zusammen verhindern keinen Reichtum, aber beide zusammen schaffen Armut ab. Und das ist das vorrangige Ziel.

Mal abgesehen davon gilt auch die schlichte Weisheit: Man kann Geld nicht essen. Götz Werner, von dem behauptet wird, dass er zu den 100 reichsten Menschen Deutschlands zählt, weist gern darauf hin, dass sein Reichtum allein ein virtueller ist. Da rechnen irgendwelche Finanzfachleute den (theoretischen) Wert aller dm-Märkte zusammen und ermitteln aus diesen Zahlen den persönlichen Reichtum seines Gründers. Faktisch hat auch Götz Werner nur das in der Tasche, was ihm an Unternehmerlohn ausgezahlt wird.

Geld wird immer erst wirksam, wenn es konsumiert wird. Es ist nur dann wirklich etwas wert, wenn es gegen Güter getauscht wird. Wenn jemand sein Geld in Wert verwandeln will, dann gibt es nur wenige Möglichkeiten: Entweder er konsumiert – oder er investiert, in welchem Fall dann andere konsumieren. Er kann es natürlich auch verbrennen! Das passiert auch immer wieder und hat sichtbar wenig Effekt – jedenfalls was die Menge an Gütern angeht. Das haben wir ja bei den letzten geplatzten Blasen der Aktienwelt anschaulich miterlebt. Ungeheure Vermögen sind verlorengegangen, doch faktisch waren nach dem Crash nicht weniger Güter vorhanden als zuvor.

Es ist völlig unbestritten, dass in *jedem* Steuersystem das Existenzminimum – oder besser: sogar ein entsprechend höheres Kulturminimum – unbesteuert bleiben muss. Der Grundfreibetrag bei der Einkommensteuer beträgt heute jährlich 8004 Euro für Ledige und 16 008 Euro für Verheiratete. Eltern steht zudem ein Freibetrag von maximal 7008 Euro je Kind zu. Das ist als Existenzminimum gedacht. Diese Freibeträge gelten für alle, die Steuern zahlen, in gleicher Weise, egal wie viel sie verdienen oder besitzen. Wenn es aber keine Einkommen- oder Ertragsbesteuerung mehr gibt, sondern allein eine Konsumsteuer, dann muss man diesen Freibetrag jedem Individuum bar auszahlen. Das bedingungslose Grundeinkommen ist so gesehen nichts anderes als die Rücküberweisung des Grundfreibetrages der Konsumsteuer.

Einkommen- und Ertragsteuer schaffen nur Scheingerechtigkeiten. Denn je höher das privat verfügbare Einkommen, desto besser kann man seine Steuerlast bekanntlich »gestalten«. Theoretisch zahlen die Besserverdienenden zwar hohe Steuern, praktisch jedoch parken viele ihr Geld auf ausländischen Konten und in dubiosen Steuersparmodellen. Deshalb kann *ausschließlich* eine reine Konsumsteuer sozial gerecht gestaltet werden.

Konsumsteuer und Grundeinkommen haben Initialwirkung

Bei einem Grundeinkommen würden die heutigen Sozialabgaben ganz oder zumindest teilweise entfallen. Dies entlastet

Unternehmen und macht sie international konkurrenz-
fähiger, weil die Lohnkosten sinken – nämlich um genau die
vierzig Prozent vom Bruttolohn, die heute in die Sozial- und
Steuerkassen fließen. Schon allein deswegen rechnen viele
Grundeinkommensmodelle mit neuen Arbeitsplätzen.
Schließlich könnten alle, die arbeiten, dies auch für vierzig
Prozent weniger Gehalt tun, gesetzt den Fall sie müssten
eben keine Steuern zahlen und dürften am Ende alles behalten. Auf zehn MitarbeiterInnen könnte so jedes Unternehmen – ohne Mehrkosten – vier zusätzliche einstellen.

Der Anreiz, über den Grundbetrag hinaus Einkommen zu
beziehen, ist nach der Einführung eines bedingungslosen
Grundeinkommens größer als jetzt. Denn heute fragen sich
alle leidlich ökonomisch Gebildeten, die Transferleistungen
beziehen, ab wann es sich angesichts der hohen Anrech-
nungssätze, mit denen die kläglichen Zuverdienste belegt
sind, rechnet, arbeiten zu gehen. Mit Grundeinkommen
lohnt sich jeder noch so kleine Verdienst.

Die Konsumsteuer fragt nur noch: Ist eine Wertschöpfung
im Inland zu einem Abschluss gekommen? Das heißt: Ist dafür ein Entgelt bezahlt worden? Wenn ja, dann wird die Steuer
endgültig fällig, wenn nein, dann bekommt man die zuvor gezahlten Steuern zurück. Damit beteiligt sich der Staat faktisch
voll am Risiko der unternehmerischen Wertschöpfung: Er
wartet, bis eine tatsächlich gebrauchsfähige Ware oder Dienstleistung zustande gekommen ist – und deshalb auch von Ver-
brauchern honoriert wird. Die Konsumsteuer hat damit als
einzige Steuer einen gesamt-, ja weltwirtschaftlichen Charakter. Man könnte sagen, dass sie die adäquate Steuer für eine
hochgradig arbeitsteilige Gesellschaft und eine globalisierte
Welt ist.

Die neue, richtige Frage ist also nicht: Wer hat wie viel verdient? Sondern: Wer hat wie viel konsumiert?

Durch das bestehende System der Ertragsbesteuerung belasten wir bereits den *Leistungsbeitrag* des Einzelnen zur erst entstehenden gesellschaftlichen Wertschöpfung, nicht – wie die Konsumsteuer – seine *Leistungsentnahme* aus der abgeschlossenen, vollendeten gesellschaftlichen Wertschöpfung. Die Ertragsbesteuerung wirkt damit lähmend auf die Entfaltung der individuellen Initiative – und mindert so ungewollt den gesellschaftlichen Wohlstand. Es ist, als würden wir beim Fußball den Stürmer bremsen oder ihm bei jedem Tor etwas vom Gehalt abziehen.

Die Konsumbesteuerung dagegen, die die Leistung sich unbesteuert entfalten lässt, schafft durch ihre Anwendung ein ganz bestimmtes Bewusstsein: Das gesamtgesellschaftliche Leistungsergebnis wird vom Individuum wie der öffentlichen Hand zu gleichen Teilen erbracht.

Alle sind täglich mit Produkten oder Dienstleistungen konfrontiert, die sie nicht selbst geschaffen haben: wenn wir zum Beispiel Gemüse kaufen, das ein anderer Mensch nachts geerntet hat und ein Dritter über von vielen anderen gebauten Straßen in den Supermarkt geliefert hat, wo eine weitere Person nachts die Regale gefüllt und eine Verkäuferin morgens die Kasse geöffnet hat.

In solchen Momenten, in denen Einzelne gesellschaftliche Leistungen in Anspruch nehmen, sind sie viel aufgeschlossener dafür, dass auch andere, die das Funktionieren des gesellschaftlichen Lebens mittragen, die dafür erforderlichen Mittel und den ihnen dafür gebührenden Anteil an der gesellschaftlichen Wertschöpfung erhalten. Sie sind viel eher bereit zu teilen! Weil ihnen bewusst wird und sie akzeptieren, dass nicht nur das Gemüse bezahlt werden muss, sondern die daran beteiligten Gärtnerinnen, Fahrer, Lagerarbeiter und Verkäuferin. Genauso wie die Gärtnerei, die Straße, die Lagerhallen und das Kassenlaufband.

Die Konsumsteuer ist keine neue oder gar zusätzliche Steuerbelastung. Es geht vielmehr darum, die versteckte und verzerrende heutige Besteuerung des Konsums offenzulegen und die eigentliche Wertschöpfung von steuerlichen Einflüssen aller Art vollständig zu entlasten. Das reale Steueraufkommen würde dadurch keineswegs steigen, es würde nur anders abgebildet, und zugleich würden entscheidende Initiativbremsen aus unserem Steuersystem verschwinden.

Praktisch geht es darum, die versteckte steuerliche Belastung des Konsums – also alle Unternehmens- und Ertragssteuern – schrittweise zurückzufahren und dafür im Gegenzug ebenso behutsam die Konsumbesteuerung offen sichtbar zu erhöhen.

Würde man beides über Nacht einführen, dann würden wohl in der Tat sowohl die öffentlichen Haushalte wie auch die private Wirtschaft zusammenbrechen. Genauso muss natürlich auch ein bedingungsloses Grundeinkommen schrittweise eingeführt werden.

Befreit vom Ballast der Finanzierungsfrage

Eines müssen wir bei allem Nachdenken über das Grundeinkommen lernen: Wir sollten uns mehr auf die konkrete Wertschöpfung und weniger auf ihre monetäre Abstraktion konzentrieren, also nicht auf das Geld, sondern auf die realen Dinge, die von der Wirtschaft produziert, geleistet und verteilt werden. Das bedingungslose Grundeinkommen gibt den Bürgern Geld nicht als Selbstzweck, sondern um ihnen die Teilhabe an der Gesellschaft zu ermöglichen, weil sich sonst weder der Einzelne noch die Gesellschaft weiterentwickeln können. Das bedingungslose Grundeinkommen ist kein Almosen, sondern ein Kulturimpuls. Mit dem Ziel, einen solchen Impuls zu geben, gehen Grundeinkommen und Konsumsteuer Hand in Hand.

Verknüpft man die Einführung eines Grundeinkommens mit der Umstellung auf eine Konsumsteuer, würden die Lohnkosten sinken und damit mehr Menschen ermutigt, eine Arbeit anzubieten oder eine aufzunehmen. Allein dieser Umstand steigert die Wirtschaftskraft unseres Landes. Das Grundeinkommen würde zudem die Kaufkraft unterer Einkommensgruppen steigern und durch die Mehrwertsteuer automatisch zu höheren Steuereinnahmen führen. Ein Teil der Ausgaben für das Grundeinkommen würde durch diesen zusätzlichen Konsum als Mehrwertsteuer wieder in die Gemeinschaftskasse zurückfließen.

Der Wechsel vom heutigen Sozialsystem zum bedingungslosen Grundeinkommen ist prinzipiell einfach und im Kern vor allem eine Herausforderung an die bestehende Bürokratie: Statt der komplizierten Bewilligungsverfahren für die 155 verschiedenen Arten von Transferzahlungen (von Kinder- bis Wohngeld, Bafög bis Hartz IV), die von 38 verschiedenen Behörden verwaltet, bewilligt oder abgelehnt werden, gibt es nur noch einen staatlichen Dauerauftrag – ohne Prüfung. Das spart staatliche Verwaltungskosten in gewaltiger Höhe – und ohne die Herausforderungen für die nunmehr arbeitslosen

Staatsangestellten verharmlosen zu wollen, könnten sie sich, gesichert durch ein Grundeinkommen, nun eben weitaus sinnvolleren Aufgaben zuwenden.

Für diesen gesellschaftlichen Umbau müssen Modelle entwickelt, Impulse aufgenommen und die vielen möglichen Wege miteinander verknüpft werden: Das bedeutet für alle politischen Parteien genügend Arbeit, um ihre Existenz zu rechtfertigen.

Befreit man sich vom Ballast der Finanzierungsfrage, die ganz sicher so oder so lösbar ist, entdeckt man die vielfältigen Chancen, die im Grundeinkommen liegen – und die sind gerade nicht ökonomischer Natur. Vielmehr geht es um das Menschsein jenseits aller Existenzangst im fruchtbaren Zusammenspiel mit anderen freien Menschen. Grundeinkommen schafft Gleichheit und ermöglicht Freiheit. Ob wir das wollen, ist keine Frage des Geldes, sondern lediglich eine Frage unseres gemeinschaftlichen politischen Willens!

13. KAPITEL

Freiheit. Gleichheit. Grundeinkommen!

Geburtsstunde der Demokratie

»Wir halten diese Wahrheiten für ausgemacht, dass alle Menschen gleich erschaffen wurden, dass sie von ihrem Schöpfer mit gewissen unveräußerlichen Rechten begabt wurden, worunter Leben, Freiheit und das Streben nach Glückseligkeit sind.« In der Unabhängigkeitserklärung der Vereinigten Staaten von Amerika wurden 1776 erstmals universelle Menschenrechte festgeschrieben.

Nach dem Sturm auf die Bastille am 14. Juli 1789 beschloss die Französische Nationalversammlung in erstaunlicher zeitlicher Nähe, am 26. August 1789, die Erklärung der Menschen- und Bürgerrechte, die als Geburtsstunde der europäischen Demokratien gilt und deren Rechtsverständnis bis heute wesentlich prägen. 13 Jahre nach der amerikanischen Unabhängigkeitserklärung 1776.

»Die Menschen werden frei und gleich an Rechten geboren und bleiben es. Gesellschaftliche Unterschiede dürfen nur im allgemeinen Nutzen begründet sein.«

So entschieden beginnt die »Erklärung der Menschenrechte«, in der die »natürlichen, unveräußerlichen und geheiligten Rechte des Menschen« niedergelegt sind. Auf diesen ersten Artikel folgen weitere 16, die das Recht auf Freiheit, Eigentum, Sicherheit, Religions- und Meinungsfreiheit sowie die Prinzipien von Volkssouveränität und Gewaltenteilung für die Zukunft verbindlich festschreiben – und zwar weit über Frankreich und weit über das 18. Jahrhundert hinaus.

Beide Erklärungen wurden wesentlich inspiriert von den Philosophen der Aufklärung wie John Locke, Thomas Paine, Charles Montesquieu oder Immanuel Kant. Allen ging es um die Verbindung von Natur- und Menschenrechten, um Vernunft und Selbstbestimmung.

Doch wie bei den meisten gesellschaftlichen Umbrüchen waren der Auslöser von »Freiheit, Gleichheit, Brüderlichkeit« tiefe Not und das Erleben von großer Ungerechtigkeit. Auch auf den Straßen von Paris ging es um Existentielles. Die Brotpreise waren in jenen revolutionären Sommermonaten nach der Missernte des Vorjahres und einem ungewöhnlich harten Winter auf Rekordhöhen gestiegen. Die hungrige Landbevölkerung strömte in die Stadt, auf der verzweifelten Suche nach Nahrung.

König Ludwig XVI. verkannte die politische Brisanz der Stunde völlig. Von seiner Gemahlin Marie Antoinette ist der legendäre Satz überliefert: »Was jammert das Volk? Wenn es kein Brot hat, dann soll es doch Kuchen essen!« Über Monate harrte der Monarch mit seinem Hofstaat noch im barocken Schloss Versailles aus, beobachtete das revolutionäre Paris aus der Ferne, bis er im Oktober 1789 von aufgebrachten Menschen in die Stadt getrieben und zum Gefangenen seiner Untertanen wurde. Vier Jahre später wurde er öffentlich per Guillotine hingerichtet.

Er hinterließ ein Land am Rande des Staatsbankrotts. Das teure Leben von Adel und Klerus, der verschwenderische Lebenswandel des Hofstaates selbst und mehrere teure Kriege in der Jahrhundertmitte hatten nicht nur die Staatskassen geleert, sondern auch die Schulden ins Unermessliche steigen lassen: Schon seit Jahren floss etwa ein Drittel aller Staatsausgaben in die Schuldentilgung, 1788 war es sogar mehr als die Hälfte der Steuereinnahmen – Frankreich stand kurz vor dem Finanzkollaps. Als die Menschen in der Hungersnot des Jahres 1789 gegen die permanent gestiegenen Abgabepflichten, die Wege- und Brückenzölle, die Frondienste und alle herrschaftlichen Sonderrechte protestierten, hatte das Land keinen finanziellen Spielraum mehr, um den Forderungen nachzugeben. Aber selbst mit Geld wäre die Revolution nicht mehr aufzuhalten gewesen.

Der sogenannte »Dritte Stand«, etwa 85 Prozent der Bevölkerung, bestand zwar aus gut zwanzig Millionen bäuerlichen Analphabeten. Zu ihm gehörten jedoch auch etwa vier Millionen gebildete Bürgerinnen und Bürger, eine aufstrebende Schicht aus Händlern und Kaufleuten, Anwälten und Ärzten, zudem Gelehrte und Künstler, die sich zunehmend gegen ihre politische Rechtlosigkeit auflehnten.

Jede Veränderung muss erst einmal gedacht werden

Wie bei jeder großen Veränderung ging den mutigen Taten ein mutiges Denken voraus. Jede Revolution braucht einige, die sie denken können. Die Französische Revolution hatte nicht in jenen dramatischen Monaten rund um den 14. Juli

1789 begonnen. Der Umbruch war lange zuvor mit umwälzenden Ideen verschiedener Dichter und Denker eingeleitet worden, die den Niedergang gedanklich vorwegnahmen: Voltaire, Diderot, Rousseau und die Frauenrechtlerin Olympe de Gouges. Sie kämpften mit den Waffen des Geistes gegen Unfreiheit, Rechtlosigkeit und Intoleranz, lange bevor der knurrende Magen das französische Volk an die Bajonette und Kanonen trieb. Das Bürgertum hatte sich von den Ideen der Aufklarung anstecken lassen: »Sapere aude – Habe Mut, dich deines Verstandes zu bedienen«, lautete das Credo jener Zeit, die auf Wissen, kritischen Verstand und technischen Fortschritt setzte. Man wollte sich – wie Kant es gefordert hatte – aus der »selbstverschuldeten Unmündigkeit« befreien, in eine neue Zeit aufbrechen, in der nicht die Gnade der Geburt über die Machtverhältnisse im Land entscheidet, sondern der Mut, sich des eigenen Verstandes zu bedienen.

Zur Hymne der rebellischen Frauen und Männer wurde die Rede des Barbiers aus dem 1784 nach mehrjähriger Zensur endlich uraufgeführten Theaterstück »Der tolle Tag oder Figaros Hochzeit«, das die Grundlage von Mozarts Oper »Die Hochzeit des Figaro« bildet: »Adel, Reichtümer, Ränge und Ämter! Wie Euch das doch so hocherhaben und mächtig macht?! Und womit habt Ihr das alles verdient? Damit, dass Ihr gnädig zur Welt zu kommen geruhtet. Und das ist schon alles.«

Der Figaro wurde in Frankreich zur Symbolfigur eines Mannes, der zwar ohnmächtig, aber im Bewusstsein seiner natürlichen Rechte aufsässig ist und sich in freier Rede, mit Witz und Verstand gegen die adelige Übermacht durchsetzt. Die französische Tageszeitung *Le Figaro*, die inzwischen einem Rüstungskonzern gehört, hat sich in Anspielung auf den

Nachrichten vermittelnden Barbier nach ihm benannt. Der Autor des Stücks, Pierre-Augustin Caron de Beaumarchais, war selbstverständlich Unterstützer der Revolution von 1789.

Voltaire und Rousseau hingegen sollten den Sturm auf die Bastille ebenso wenig erleben wie die Erklärung der Menschenrechte, zu der sie mit ihren Schriften viel beigetragen hatten. Sie starben beide 1778. Rousseaus Gedanken prägten die radikaldemokratische Entwicklung der Revolution maßgeblich – unter anderem seine Kritik des Eigentums als Ursache der Ungleichheit zwischen den Menschen und seine explizite Kritik an den Gesetzen, die ungerechte Besitzverhältnisse schützten. Voltaire verbreitete mit einer Fülle von Publikationen die Ideen anderer – vor allem kritischer Aufklärer, die sich für Religionsfreiheit oder die Kraft der Vernunft einsetzten. Meinungsfreiheit war ihm mit das höchste Gut; berühmt wurde der ihm zugewiesene Satz: »Ich bin zwar völlig anderer Meinung als Sie, aber ich werde mich dafür totschlagen lassen, dass Sie Ihre Meinung sagen dürfen.« Die Schwäche seiner aufklärerischen Position offenbarte sich aber darin, dass er das gemeine Volk nicht am Staatswesen beteiligen wollte. Er dachte beim Kampf für Freiheit und gleiche Rechte vor allem an seinesgleichen, das Bürgertum. Der »Dritte Stand«, den er als »Canaille« beschimpfte, galt ihm als »unbelehrbarer Pöbel, der zur Selbstbildung weder die Fähigkeit noch die Zeit habe«. Gerade seine Fixierung auf die Kraft der Vernunft machte es ihm unmöglich, sich eine wirkliche Demokratie vorzustellen: Das Volk war ihm eine ungebildete Masse, die zur vernünftigen Diskussion nicht in der Lage war. So gab es die Einführung einer allgemeinen Schulpflicht nur in der Theorie, in der Praxis dauerte es bis ins zwanzigste Jahrhundert, bevor in Frankreich oder Deutschland das allgemeine Recht auf Schule durchgesetzt war. Gleiches gilt für die Rechte der Frauen.

Die Vorkämpferin des Feminismus, Olympe de Gouges, die sich als Metzgerstochter ihre Bildung weitestgehend selbst erarbeiten musste – rund 85 Prozent der Frauen waren damals Analphabetinnen – und erst mit dreißig Jahren zur Schriftstellerei fand, publizierte im September 1791 ihr berühmtes Manifest, zwei Jahre nach der Erklärung der Menschenrechte: »Die Rechte der Frau – An die Königin«. Vorweg stellt sie die provokative Frage »Mann, bist du fähig, gerecht zu sein?«, um auf den folgenden Seiten pointiert die Selbstgefälligkeit des zeitgenössischen Mannes zu kritisieren: »Extravagant, blind, von den Wissenschaften aufgeblasen und degeneriert, will er in diesem Jahrhundert der Aufklärung und des Scharfsinns in krasser Unwissenheit und despotisch über das Geschlecht befehlen, das selbst alle intellektuellen Fähigkeiten besitzt.«

Systematisch ergänzt sie die Erklärung der Menschenrechte Artikel für Artikel um das, was die Männer »vergessen« hatten – die Rechte der Frauen. In Artikel 1 heißt es dann: »Die Frau ist frei geboren und bleibt dem Mann gleich in allen Rechten.« Das mag aus heutiger Sicht wenig spektakulär klingen, doch damals war es *das* bedeutende Manifest für die Rechte derjenigen, die in den revolutionären Unruhen selbst keine geringe Rolle gespielt hatten: Die Frauen waren massiv an den revolutionären Kämpfen und der Befreiung beteiligt gewesen. Allein bei dem berühmten Marsch nach Versailles am 5. Oktober 1789 hatten sich unter dem Geläut der Sturmglocken mehrere Tausend Frauen in Paris zusammengetan, um vor dem Palast des Königs zu protestieren. Sie waren es, die den Monarchen und seine Familie aus dem Schloss zwangen und in die Stadt trieben.

Doch die kämpferischen Schriften von Olympe de Gouges und die Freiheitsansprüche der Pariser Frauen waren offenbar zu revolutionär für die ersten europäischen Demokraten. Als 1794 die Verfassung der Französischen Republik verabschiedet wurde, waren Feudalwirtschaft und Sklaverei offiziell abgeschafft, doch Frauen blieben Bürger zweiter Klasse und waren weder mündig, autonom, noch gleichberechtigt, sondern – im Wortsinne – bevormundet durch den Vater, den Bruder, den Ehemann.

»Liberté, Égalité, Fraternité!«

Im Laufe des 19. Jahrhunderts setzten sich die Prinzipien der Französischen Revolution im europäischen Raum allmählich und mit vielen Rückschlägen durch: Gleichheit vor dem Gesetz, Freiheit der Person, Garantie des Eigentums, Volkssouveränität und Mitbestimmungs- und Selbstverwaltungsrechte der Bürger und Kommunen wurden in die Verfassungen aufgenommen.

Zwar gilt die Sklaverei seit dem 19. Jahrhundert weltweit offiziell als abgeschafft, doch die Gleichberechtigung der schwarzen Bevölkerung schaffte es in den USA erst in den 1960er Jahren auf die politische Agenda, fast zweihundert Jahre nach der legendären Unabhängigkeitserklärung. Auch in Europa dauerte es bis zur annähernden Gleichberechtigung aller Bürgerinnen mehr als drei Generationen: In Deutschland bekamen Männer aller sozialer Schichten erst Ende des 19. Jahrhundert gleiches Wahlrecht; das Frauenwahlrecht wurde in Deutschland wie in den meisten europäischen Ländern erst 1919 eingeführt, in der Schweiz erst 1971 und im Schweizer Kanton Appenzell sogar erst 1990. Heute leben wir wieder in einer Zeit gewaltiger Umwälzungen. Die brennenden Autos in den Pariser Banlieues 2005, die revolutionären Unruhen in Teheran nach der Präsidentenwahl 2009, die aufgebrachten Massen auf dem Syntagma-Platz in Athen im Frühjahr 2010 sind Ausdruck gewaltiger gesellschaftlicher Spannungen, sozialer Ungerechtigkeiten, die sich in Wut und Aggression entladen, wie einst, als die Sansculotten die Barrikaden stürmten.

»Liberté« und »Égalité« sind in unseren Gesetzen verankert und doch nicht durchgesetzt. Von Brüder- oder Geschwisterlichkeit und Solidarität ganz zu schweigen. Solange inmitten des gesellschaftlichen Reichtums Menschen unter Armut leiden, besteht die Gefahr sozialer Unruhen, die sich gegen Unfreiheit und Ungleichheit richten. Längst geht es nicht mehr allein um die wachsende Armut, die sich vor den Suppenküchen, in Arbeitsagenturen und im Niedriglohnsektor zeigt. Immer mehr Menschen eint die Angst vor der Zukunft – unabhängig von ihrer Zugehörigkeit zu einer bestimmten Schicht, Berufs- oder Altersgruppe.

Das bedingungslose Grundeinkommen würde dieser diffusen, lähmenden Angst, der Ohnmacht, die ein würdeloses Leben unterhalb des Existenzminimums auslöst, begegnen. Das würde die gesamte Gesellschaft spüren. Es würde zwar den Unterschied zwischen Arm und Reich nicht aufheben. Doch wer nicht um seine eigene Existenz fürchten muss, wer sein Grundauskommen hat, kann in allem großzügiger und gelassener sein, mit sich und den anderen.

Es könnte die Kreativität entfesseln, die wir auf allen Ebenen brauchen, weil die menschengemachten Natur- und Finanzkatastrophen mit den herkömmlichen Methoden nicht mehr zu bewältigen sind.

Der Reichtum den wir in der Gesellschaft an Wissen und Vermögen haben, könnte endlich genutzt werden, wenn die, die fortwährend Ideen produzieren, in den Wissenschaften und Künsten oder den NGOs, sich nicht mit perspektivlosen Brotjobs über Wasser halten müssten. Deutschland zählt nach wie vor zu den reichsten Ländern der Erde. Historisch gesehen waren wir noch nie so reich wie heute. Selbst die Kaiser und Könige vergangener Jahrhunderte kannten keinen solchen Wohlstand wie die Durchschnittsbürger heute. Wenn dabei gleichzeitig quer durch fast alle gesellschaftlichen Schichten inmitten dieses Reichtums erdrückende Armut entsteht, sind wir aufgefordert, die Praxis gesellschaftlicher Solidarität zu überdenken.

Die Freiheit zu zeigen, was wir können

Heute wissen wir, was von Anfang an zu ahnen war, dass das ausgerufene Ziel der rot-grünen Agenda 2010, »Eigenverantwortung zu fördern und mehr Eigenleistung von jedem Einzelnen abzufordern«, mehr als verfehlt wurde. Die Menschen fühlen sich nicht gefördert, sondern gedemütigt; nicht die Eigenverantwortung ist gewachsen, sondern die Bevormundung und das Gefühl, ausgeliefert zu sein.

Ein bedingungsloses Grundeinkommen hingegen würde die Eigenverantwortung stärken, weil es Freiheit gibt: die

Freiheit, sein Leben selbst in die Hand zu nehmen. Nicht mehr Opfer sein zu müssen, weder der Vorgesetzten oder der Eltern, noch der Verhältnisse. Der so oft gehörte entschuldigende Satz »Wenn ich könnte, wie ich wollte, dann würde ich … aber ich muss ja …«, würde so nicht mehr Bestand haben können. Die Menschen könnten darüber nachdenken, was sie frei von Angst tun *möchten*, welchen Beitrag sie leisten *wollen* und was sie schaffen *können* – statt nur das zu tun, zu dem sie aus Existenzangst gezwungen werden.

Damit alle ihres Glückes Schmied sein können, brauchen sie Werkzeuge, zumindest Amboss, Eisen und Hammer. Das bedingungslose Grundeinkommen ist in diesem Bild die schlichte Grundausstattung der Werkstatt, nicht das Paradies, aber es beendet die Bevormundung durch den Staat und schafft Freiheit, die es so noch nie gab, die Freiheit, die eigenen Geschicke selbst in die Hand zu nehmen.

In seiner Rede zur ersten Amtseinführung 1801 erklärte der amerikanische Präsident Thomas Jefferson, durchaus an die eigene politische Klasse gerichtet: »Manchmal wird gesagt, man kann einem Menschen nicht die Gewalt über sich selbst anvertrauen – kann man ihm dann die Gewalt über andere anvertrauen?«

Damit tut sich die Politik auch heute noch schwer, sie meint weiterhin, besser als die Bevölkerung selbst zu wissen, wie das Zusammenleben organisiert werden soll. Werch ein Illtum, muss man da mit Ernst Jandl sagen.

Ein Grundeinkommen würde eine Fülle von nebeneinander bestehenden Arbeitsformen und -rhythmen ermöglichen, würde unterschiedlichen Lebensphasen Rechnung tragen können. Die heutige Arbeitswelt unterscheidet nicht zwischen den Bedürfnissen einer 20-Jährigen und denen eines 58-Jährigen.

Bedingungsloses Grundeinkommen
ist mehr als Geld für alle

»Der Mensch ist noch sehr wenig, wenn er warm wohnt und sich satt gegessen hat, aber er muss warm wohnen und satt zu essen haben, wenn sich die bessere Natur in ihm regen soll.« So hat Friedrich Schiller die Französische Revolution kommentiert. Und Bertolt Brecht, direkter:»Erst kommt das Fressen, dann die Moral.«

Wir könnten uns ein bedingungsloses Grundeinkommen schon heute leisten. Denn anders als 1789 mangelt es uns nicht an Weizen und Brot. Wir sind nicht arm an Gütern, wir sind höchstens arm an fruchtbarem Boden für die existierenden Ideen. Das bedingungslose Grundeinkommen ist eine überraschend einfache, aber weitreichende Idee, wie wir mit diesem überflüssigen Reichtum umgehen können: Wir geben ihn an die Menschen, die ihn herstellen: ans Volk! Denn dieses wird damit weitaus mehr anzufangen verstehen, als wir ahnen.

Bedingungsloses Grundeinkommen ist mehr als Geld für alle. Es geht bei alledem nicht allein um eine Neuordnung der Staatsfinanzen, sondern um einen gesellschaftlichen Paradigmenwechsel für alle Bürger und Bürgerinnen, um die Ermächtigung zur Selbstermächtigung.

Alle sollen in ihrer Unterschiedlichkeit die Freiheit haben, sich zu verwirklichen – das zu tun, was sie wollen und können. Das bedingungslose Grundeinkommen ist ein entscheidendes – zeitgemäßes – Gestaltungsmittel einer Gesellschaft, der das Soziale abhanden kommt, um Armut und Existenzangst wirksam zu begegnen. Denn Angst macht unfrei. Sie ist die größte Gegenspielerin jeglicher Kreativität. Ein bedingungsloses Grundeinkommen dagegen schafft die Basis für ein selbstbestimmtes Leben in Freiheit, das wiederum Kreativität und Leistungsfähigkeit ermöglicht.

Wenn das Volk will …

… dann kann die Politik seinen Willen auf Dauer nicht ignorieren, zumal sie keine tragfähige Alternative anzubieten hat. Sie scheint zu einer Spielwiese von Lobbyinteressen verkommen, die Volksvertreter nehmen diesen Zustand als gegeben hin. Dabei ist es die Idee von Demokratie, »ein erfülltes Leben für so viele Menschen wie möglich« zu gewährleisten, wie es Richard David Precht im Juni 2010 in einem Essay für den Spiegel betonte. Doch die Deutschen trauen der Politik nicht mehr über den Weg, sind verdrossen. Die Massenmedien sind immer weniger Wächter der Demokratie, sondern haben sich zu Hofberichterstattern gewandelt. Die Wahlbeteiligungen sinken, Demokratie wird nicht mehr gelebt. Dabei gibt es ein großes Bedürfnis der Bürgerinnen und Bürger mitzugestalten. Wie immens der Wunsch nach aktiver Teilhabe ist, hat sich vor und bei der Bundespräsidentenwahl am 30. Juni 2010 gezeigt – dokumentiert in der demokratischen Aufbruchsstimmung, die der Kandidat Joachim Gauck im Volk entfachte. Menschen lassen sich anstecken von Ideen wie dem bedingungslosen Grundeinkommen.

Daher versuchen wir weiter zu begeistern, sammeln Erfahrungen, entwickeln die Idee des Grundeinkommens fort und stecken damit immer mehr Menschen an, die diesen Kulturimpuls für sich weiterdenken und zu ihrer »persönlichen Forschungsaufgabe« (Götz Werner) machen. Und dann ist es letztlich egal, ob man das Grundeinkommen zuerst in einem Dorf, einer Stadt, einem Bundesland oder mit den Kindern und Alten beginnt.

Das bedingungslose Grundeinkommen knüpft an die humanistischen Ideale der Aufklärung an und schreibt sie ganz und gar unblutig weiter. »Freiheit, Gleichheit, Brüderlichkeit« würden dann wirklich für alle Menschen – Frauen wie Männer und Kinder – gelten. Das bedingungslose Grundeinkommen macht den vorhandenen gesellschaftlichen Reichtum sicht- und nutzbar und knüpft gerade dadurch an die Ideale der Französischen Revolution an. Freiheit und Gleichheit würden dadurch eine andere, reale Grundlage erhalten.

Was wir denken können, können wir auch realisieren. Und es wird ja an vielen Ecken gleichzeitig gedacht. In vielen Gesprächen werden Szenarien ausgemalt, deren Kernfrage lautet: »Was würden Sie arbeiten, wenn für Ihr Einkommen gesorgt wäre?« Diese Frage ist zugleich verunsichernd, wie sie die Phantasie und die Imagination entfesselt, sie lädt zum Tagträumen, zum Verwerfen, zum verschwenderischen Neu-Denken ein und führt zur größeren Frage: »Wie wollen und wie können wir eigentlich leben, wenn wir nicht unter den Drohungen von vereinzelnder Existenzangst stehen, wenn wir unsere Fähigkeiten uns und der Gesellschaft zur Verfügung stellen könnten?«

Das bedingungslose Grundeinkommen könnte *die* Errungenschaft des 21. Jahrhunderts werden, die am menschlichen Vermögen, den Fähigkeiten und Möglichkeiten der Einzelnen anknüpft – an dem Wunsch aller, Resonanz erzeugen zu wollen, gemeint zu sein, gebraucht und geliebt zu werden.

Das bedingungslose Grundeinkommen entwickelt den Menschheitstraum von freien und gleichen Entfaltungsmöglichkeiten weiter. Zwei Jahrhunderte und zwei Jahrzehnte nach der Französischen Revolution könnte »Freiheit. Gleichheit. Grundeinkommen!« den dringend notwendigen gesellschaftlichen Schub auslösen, um Leben, Arbeit, Gemeinschaft, Kümmern ganz anders zu verstehen.

Das bedingungslose Grundeinkommen ist ein Möglichkeitsraum für ein gesellschaftlich Größeres.

Danksagung

Götz Werner dankt Claudia Cornelsen und Christian Koth vom Ullstein Buchverlag für die tatkräftige Unterstützung sowie Wolfgang Eichhorn und André Presse für die konstruktive Kritik zu den wirtschaftswissenschaftlichen Teilen des Buchs. Außerdem bedankt er sich bei den vielen Menschen, die ihn in den zurückliegenden Jahren durch ihr Interesse an seinen Vorträgen und die engagierte Teilnahme an den vielen Diskussionen über ein bedingungsloses Grundeinkommen bereichert und sein Engagement für die Sache angefacht haben.

Adrienne Goehler dankt dem umsichtigen Lektor Christian Koth, den BewohnerInnen von Otjivero, dafür dass sie gezeigt haben, wie viel ein bedingungsloses Grundeinkommen bewirkt, Brigitte Leeser und Ursula Scheid für Durchsichten und meinem Ausstellungsteam von »ZUR NACHAHMUNG EMPFOHLEN!« für die Nachsicht während des Schreibprozesses.

Das Unternehmen der Zukunft

Gernot Pflüger · **Erfolg ohne Chef**
Wie Arbeit aussieht, die sich Mitarbeiter wünschen
272 Seiten, Klappenbroschur
€ [D] 16,90 · € [A] 17,40
ISBN 978-3-430-20086-8

Es klingt fast zu schön, um wahr zu sein: ein erfolgreiches mittelständisches Unternehmen ganz ohne Hierarchien. Eine Firma, in der von der Sekretärin bis zum Abteilungsleiter alle den gleichen Lohn bekommen und in der es keine festen Arbeitszeiten gibt. Gegründet hat sie Gernot Pflüger. Mitreißend berichtet er von seinen Erfahrungen mit gelebter Wirtschaftsdemokratie und erklärt, wie diese auch bei einem Weltkonzern mit 20.000 Angestellten funktionieren kann.

»Eigenwillig, dabei sehr anregend«
Financial Times Deutschland

Geschichten vom ältesten Gewerbe der Welt

Vilim Vasata · **Gaukler, Gambler und Gestalter**
Persönliche Geschichten aus einem erstaunlichen Gewerbe
416 Seiten mit 12 Seiten Farbabbildungen, Hardcover
€ [D] 19,90 · € [A] 20,60
ISBN 978-3-430-30047-6

Vilim Vasata ist Werbelegende und Gestalter aus Leidenschaft. Seit über 50 Jahren beeinflusst er die Branche. Von Audi bis BMW, von Tchibo bis Eduscho, von Dr. Oetker bis Pizza Hut und von Stuyvesant bis Camel hat er seine kreativen Spuren in der Welt der Marken hinterlassen. »Gaukler, Gambler und Gestalter« erzählt von rasanten Deals, herzhaften Triumphen und gloriosen Niederlagen. Eine rasante Tour de Force durch die Welt der Werbung und zugleich ein profundes Sinnbild seiner bahnbrechenden Arbeit.

»Eine bedeutende Geschichte der Werbung«
Süddeutsche Zeitung